AF496138

THEORIE DES SENTIMENS AGRÉABLES.

OÙ APRÈS AVOIR INDIQUÉ LES RÉGLES QUE LA NATURE SUIT DANS LA DISTRIBUTION DU PLAISIR, ON ÉTABLIT LES PRINCIPES DE LA THEOLOGIE NATURELLE ET CEUX DE LA PHILOSOPHIE MORALE.

par Mr de Pouilly.

A GENEVE,
Chez BARRILLOT & FILS.

M. DCC. XLVII.

PREFACE
DE
L'EDITEUR.

LE prémier *Essai* de cet Ouvrage fut fait à la hâte en forme de Lettre, adressée à Mylord ***. Quelcun fit imprimer cette Lettre à l'insçû de l'Auteur, dans un Recueil de Piéces choisies *in*-12. à Pa-

Paris chez Pissot 1736. Elle portoit alors le titre de *Réflexions sur les sentimens agréables & sur le plaisir attaché à la vertu*. Un homme de goût, ayant une petite Imprimerie à sa Campagne pour son amusement, en fit usage pour régaler ses amis d'une belle Edition de ce petit Ouvrage *in*-8°. 1743. L'Auteur qui l'ignoroit & qui ne regardoit cette premiére composition que comme

me

me une ébauche nullement destinée à voir le jour, se vit engagé par-là & fortement sollicité à déveloper ses pensées, & à donner à ce Traité plus de régularité & d'étenduë. Mais en même tems qu'il a bien voulu le faire, il a exigé que son nom demeurât caché, tant sa modestie & son goût pour la retraite lui font fuïr tout ce qui mène à la réputation. Je lui obéis à regret; mais je me prévaudrai du moins de ſon éloignement, pour dire librement ce que je penſe de ſon Ouvrage.

Il me paroit que c'eſt un précieux morceau de Philoſophie morale, profond dans ſa brieveté, & dont la forme élegante & fleurie renferme des ſujets de la plus haute importance. Il s'agit de découvrir la ſource & la meſure de nos goûts, de nos plaiſirs, & de nos devoirs, ce qui

qui donne la clé de tout le ſyſtême de l'humanité. Dieu ayant doüé l'homme de pluſieurs facultez, tant corporelles qu'intellectuelles, & cela pour tendre au bonheur; il a voulu le conduire à ſon but, non-ſeulement par la voye du raiſonnement, mais par celle de l'inſtinct & du ſentiment, qui eſt un reſſort plus promt & plus efficace. Ainſi la Nature nous avertit tout d'un coup par un ſentiment de douleur de ce qui nous ſeroit nuiſible, & nous attire au contraire par un ſentiment agréable vers tout ce qui peut favoriſer la conſervation de notre être, & la perfection ou le bon état de nos facultez, qui ſont les deux points d'où notre bonheur dépend. Juſques-là il n'y a rien qui n'ait déja été obſervé par pluſieurs Philoſophes modernes. Mais voici comment

ment notre Auteur ſuit & particulariſe cette obſervation. Nos facultez ne peuvent être d'uſage, ni ſe déveloper, qu'autant qu'on les exerce: le mouvement ou l'action nous eſt donc néceſſaire, ſous peine de tomber dans l'engourdiſſement & la langueur. D'un autre côté, bornés & foibles comme nous le ſommes, toute action exceſſive & violente uſeroit & détruiroit nos

or-

organes: il ne nous faut donc qu'un mouvement ou un exercice moderé; c'eſt ainſi que l'uſage ou la perfection de nos facultez ſe concilie avec le prémier intérêt, qui eſt celui de notre conſervation. Or c'eſt juſtement à ce milieu, je veux dire à un exercice moderé de nos facultez, que la Nature, ou pour mieux dire, le Créateur, a ſagement attaché le plaiſir.

Notre Auteur partant de ce principe & ne le quittant plus, paſſe en revûë les plaiſirs des ſens, ceux de l'eſprit & ceux du cœur; rendant raiſon dans un détail très curieux, de tout ce qui s'appelle beauté & agrément, dans les ouvrages de la Nature & de l'Art, dans les viſages, dans les couleurs, dans les ſons, dans la figure, la proportion, la ſymmétrie, la varieté & la la nouveauté des objets ; dans les goûts de chaque âge, dans les pensées, dans le langage & le ftile, dans les Sciences, dans les paffions, dans les mouvemens de l'ame, dans la bien-veillance, la juftice, la valeur, en un mot, dans tout ce qui eft de l'ordre moral ou phyfique, & qui s'accorde avec l'utilité réelle & générale de l'homme.

Par là on remonte fans peine à une prémiere Caufe

ſe intelligente & bien-faiſante, qui a établi cette belle harmonie, & qui nous a donné préciſément la meſure de ſenſibilité, qui, à tout prendre, convenoit le mieux à nos beſoins, quoi qu'en ait pû dire Mr. Bayle, dont les vains argumens ſont ici ſolidement réfutés.

Notre Philoſophe toujours animé par de bonnes vûës, s'applique particulierement à montrer comment

ment l'homme trouve ſon bonheur dans la pratique de ſes devoirs, tant envers Dieu, qu'envers le prochain & envers ſoi-même; après quoi raiſonnant ſur les biens & les maux dont chaque condition eſt parſemée, il peint d'une maniere vive & agréable la prééminence des biens de l'ame, & les avantages que chacun peut tirer du bon uſage de ſes facultez, pour ſe rendre la vie douce &

pour

pour contribuer au bien public, par une ſuite d'occupations raiſonnables.

Cette courte Analyſe ſuffira pour faire comprendre au Lecteur, qu'on trouve ici les vrais principes de la Theologie naturelle, de la Morale, de l'Eloquence, & du Goût, ſoit par rapport aux beaux Arts, ſoit par rapport aux Ouvrages d'eſprit. Surtout on y apprendra ce qui eſt le principal but de

la

la Sageſſe, je veux dire le grand art de ſe trouver heureux, ou de le devenir.

Platon entre les anciens, & quelques modernes, François & Anglois, nous ont déja dit une partie de ce qu'on lira dans ce Traité. Mais je n'en connois aucun qui ait ſi bien ſaiſi le vrai principe, ni qui l'ait dévelopé avec tant de fineſſe & de préciſion. Ici la Sageſſe perd ſes rides

des

des & ſe montre accompagnée des Graces. On a remarqué avec raiſon, qu'il eſt à deſirer que ceux qui étudient les Belles-Lettres y portent un eſprit philoſophique; on verra ici avec plaiſir combien la Philoſophie, à ſon tour, peut être parée par les Belles-Lettres.

A Geneve le 12. Avril 1747.

J. Vernet

TABLE

DES CHAPITRES.

envers

THEO-

THEORIE DES SENTIMENS AGRÉABLES.

CHAPITRE PREMIER.

Il y a une Science des Sentimens aussi certaine & plus importante qu'aucune Science naturelle.

IL y a eu des Philosophes, qui par leurs observations, ont appris de la Nature quelques-unes des régles qu'elle s'est prescrites dans la distribution des

 mou-

mouvemens. Le recueil & le dévelopement de ces Loix a formé une ſcience, où brille la même évidence que dans la Geométrie. L'ordre qui régne dans la ſuite des changemens qu'éprouvent les corps, ſera-t-il un objet privilégié de nos connoiſſances? & l'eſprit n'aura-t-il aucune priſe ſur l'ordre des changemens qu'il éprouve en lui-même? Seroit-il poſſible que le flambeau de l'expérience, qui nous éclaire ſur ce qui précéde ou accompagne la naiſſance des mouvemens, s'éteignit auſſitôt que nous porterions les yeux ſur la naiſſance de nos ſentimens? Il eſt vrai que la matiére,

tiére, l'eſpace & le tems, qui par leur différente combinaiſon expriment toutes ſortes de mouvemens, ont l'avantage de ſe prêter aiſément à des calculs Geométriques, & de leur fournir une vaſte carriére : Mais quoi-que les modifications ſecrettes du corps & de l'ame, qui font éclorre en nous les ſentimens, ne ſoient point ſuſceptibles de meſure préciſe ; elles n'en ſont pas moins des objets d'une connoiſſance certaine : & ſi la theorie du mouvement parcourt, pour ainſi dire, le compas à la main, l'immenſité de l'eſpace & du tems ; la theorie du ſentiment concentrée dans un cercle plus étroit, n'a pas à la vérité une marche si brillante; mais elle ne l'aura pas moins sûre, pourvû qu'elle ait l'attention de s'appuyer sur des observations incontestables, & de développer ses expressions, de façon à ne présenter à l'esprit que des idées distinctes.

La certitude de nos connoissances ne suffit pas pour les rendre précieuses; c'est leur importance qui en fait le prix. Il n'en est aucune qui mérite plus de nous intéresser que celles qui roulent sur la distribution du plaisir; leur objet est celui même de nos desirs. Je sens bien que

que des recherches qui ne donneront que des idées, inſpireront d'autant plus de dédain, qu'elles ſembloient annoncer des ſentimens. Des réflexions abſtraites ſuffiſent pour jetter de la triſteſſe ſur le tableau même de la joye. Mais ce n'eſt point à l'imagination que je me propoſe de parler ici du plaiſir. Content de le faire connoitre, je n'aſpire point à le faire ſentir. Les loix qui en réglent la naiſſance, reſſemblent aſſez à la ſource de ce fleuve bienfaiſant qui enrichit l'Egypte: on peut les ignorer & jouïr de leurs bienfaits; a-t-on la curioſité de les découvrir? on a des déſerts à traverſer. Il me ſemble cependant que ceux qui l'entreprendront, trouveront dans leurs réflexions mêmes une ſorte de ſentiment : c'eſt joüir de la Nature que d'en entrevoir la beauté.

La Theorie des ſentimens n'a pas ſeulement l'avantage de nous offrir un ſpectacle digne de notre attention ; elle fournit encore des principes aux Arts qui nous intéreſſent le plus.

Ceux qui ont excellé parmi les Poëtes, les Orateurs, les Peintres, n'ont pas toujours agi par l'inſpiration ſoudaine d'un inſtinct aveugle ; ils ont ſouvent guidé leur travail par des réfle-

réflexions fines & profondes ſur ce qui pouvoit plaire à l'eſprit; ils les ont comme gravées dans leurs ouvrages ; & c'eſt en les y recueillant qu'on a formé les theories de la Poëſie, de l'Eloquence & de la Peinture. Toutes ces ſpéculations particulieres ſont autant de démembremens que la theorie des ſentimens eſt en droit de revendiquer.

De tous les arts il n'en eſt point de plus important que celui d'être heureux ; & il n'en eſt aucun où tant d'opinions différentes ſe ſoient élevées ſur les ruïnes les unes des autres. On ſait que *Varron* en a compté té jusqu'à près de trois cent, sur ce qui faisoit la félicité de l'homme en cette vie. C'est cependant de cette question que partent les principes de la Philosophie morale. Or, pour la résoudre avec une parfaite évidence, il ne faut que remonter aux loix du sentiment, les rapprocher, & se laisser conduire au fil des conséquences.

Dans le Dialogue de PLATON *sur la République*, ou plûtôt *sur la Justice intérieure*, quelques-uns des Interlocuteurs se plaignent que les Législateurs & les Philosophes, en exhortant à la vertu, n'offrent d'autre motif pour l'embrasser, que la considération

tion des biens qui marchent à sa suite. Ils exigent de SOCRATE qu'il leur prouve, que par ses propres charmes, elle fait le bonheur de ceux qui la possédent; & c'est ce qu'il execute par un long paralléle des différentes formes de Gouvernement, avec la République intérieure que forment en nous la Raison & les passions.

Ce dogme de l'Ecole Platonicienne peut, ce me semble, s'établir d'une façon directe par la theorie des sentimens. Creusons-la, & nous en verrons sortir les principes d'une Morale exacte. Nous reprocherons à EPICURE de n'avoir été voluptueux qu'à demi, & de n'avoir pas assez senti le prix & l'étenduë des plaisirs de l'esprit; & nous reconnoîtrons que la Vertu est le moyen le plus sûr que la Nature nous offre, pour écarter les sentimens affligeans, & pour rassembler les sentimens agréables.

Il y a des Chrétiens qui s'imaginent que l'Evangile condanne la Vertu à être malheureuse en cette vie. La Loi de Dieu qui, suivant l'Ecriture Sainte, a tant d'attraits par elle-même, n'est pour eux qu'un joug insupportable. Ils se porteroient aux plus grands crimes, si la crainte qui les enchaîne, les

les laiſſoit en liberté; également malheureux par le vice qui les tyranniſe, & par le ſupplice qui les effraye. Il n'en eſt pas ainſi de ceux dans le cœur de qui * *la charité l'emporte ſur la crainte.* Ils n'apperçoivent dans l'Evangile & dans les Prophêtes, ſuivant l'expreſſion de JESUS-CHRIST, que l'obligation d'aimer Dieu & ſon prochain; & qu'y a-t-il que notre Raiſon n'avouë, & que notre cœur ne doive agréer, ſoit dans des mouvemens de bienveillance pour nos ſemblables, ſoit dans la ſoumiſſion aux volontez d'un Etre ſouverainement ſage?

* I. Jean IV. 18.

Par l'ordre de la Nature, un usage convenable de nos facultez est toûjours accompagné de sentimens agréables. Cette source de plaisirs vertueux ne coule pas moins pour le Chrêtien que pour l'Infidelle. Mais par l'ordre de la Grace, le Chrêtien est infiniment plus heureux par ce qu'il espére, que par ce qu'il posséde. Les fleurs qu'il cueille ici-bas sont pour lui des germes d'un bonheur éternel.

La theorie des sentimens & la Théologie morale, arrivent donc par des routes différentes à un même but. Chacune d'elle dans la comparaison des biens présens, en fixe la valeur, par des

des principes particuliers, & les évaluë néanmoins l'un par rapport à l'autre dans la même proportion. Mais la theorie des ſentimens a ſur la Théologie morale, l'avantage qu'en établiſſant les mêmes Loix, elle les fait, pour ainſi dire, accepter par l'amour-propre.

CHAPITRE II.

Où l'on expoſe le plan de cet Eſſai.

DAns la foule des biens & des maux qui s'offrent à nous de toutes parts, rien ne nous importe davantage que d'en faire un juſte diſcernement.

Nous

Nous l'entreprendrions en vain sans le secours des sentimens agréables & douloureux. Leur lumiere bien-faisante éclaire notre choix ; une impression de plaisir est répanduë sur ce qui est de nature à favoriser notre conservation ; au contraire, ce qui la menace s'annonce par une impression de douleur. C'est à l'établissement de cette Loi que nous sommes redevables de la durée de notre vie, de la perfection de nos facultez, & de l'acquisition de cette legére portion de bonheur que la Nature a mis à notre portée. Ce seul principe, en se développant, va nous ouvrir toutes les sour-

ſources des ſentimens, nous dévoiler la ſageſſe & la bonté de notre Créateur, & nous inſtruire de nos devoirs envers Dieu, envers nous-mêmes, envers les autres hommes.

Cette matiere n'eſt guére ſuſceptible de découvertes brillantes. Que dire de nouveau ſur ce qui, depuis la naiſſance du genre humain, a été l'objet perpétuel des deſirs du cœur & des réflexions de l'eſprit? Il n'y aura ici rien de neuf que la réünion de quelques idées éparſes juſqu'à préſent en différens Ouvrages * & qui rapprochées l'une

* Comme dans *Platon*, *Ariſtote*, *Ciceron*, *Seneque*, *Arrien*, *Deſcartes*, *Mallebranche*, *Addiſon*, *De Crouzas*, *Trublet*.

l'une de l'autre se prêteront un éclat mutuel, & se joindront comme d'elles-mêmes pour former un corps régulier.

CHAPITRE III.

Il y a un agrément attaché à ce qui exerce les organes du corps sans les affoiblir.

IL y a des Etres vivans qui semblent se suffire à eux-mêmes; l'élement où ils sont fixés, leur fournit tout ce qui est nécessaire pour leur conservation & pour leur accroissement. Il n'en est pas ainsi de l'homme; il n'est rien qui ne devienne l'objet de ses desirs. On peut lui

lui appliquer ce que Platon a dit de l'Amour: la Déesse de l'indigence, & le Dieu des richesses, semblent avoir également concouru à sa formation. Accablé de besoins auxquels la Nature entiere paroit à peine pouvoir suffire, il est enrichi d'une multitude d'organes qui le mettent à portée de s'approcher des objets les plus eloignés, d'en discerner les qualitez & d'en faire usage. Tout ce qui exerce ses organes sans les affoiblir, peut contribuer à sa conservation, & est accompagné d'un sentiment agréable.

L'aversion des enfans pour le repos, marque assez combien le mou-

mouvement a de charmes pour eux. La danſe & la chaſſe l'emportent dans la jeuneſſe ſur tout autre amuſement ; & elles ont d'autant plus d'agrément qu'elles ſont plus vives. Les vieillards eux-mêmes, en qui l'âge a émouſſé tout autre ſentiment, ſe plaiſent encore à un exercice moderé.

Cette ſorte de plaiſir ne peut guéres ſe décompoſer ſans devenir preſque inſenſible. Le ſentiment qui accompagne le mouvement des mains, ſe dérobe à nous par ſa petiteſſe; mais il n'en eſt pas moins réel. Des femmes ne ſe garantiſſent-elles pas tous les jours de l'en-

nui

nui par un léger travail, dont elles ne se proposent d'autre fruit qu'un amusement passager? l'attrait de l'ouvrage & le plaisir de l'occupation ont besoin d'être aidés l'un de l'autre, pour faire sur elles une impression sensible.

C'est dans le jeu des organes de la transpiration, qu'est la source secrette de ce plaisir. Les observations de *Sanctorius* le démontrent. Des vapeurs qui échapent à nos yeux, sortent continuellement par les pores de la peau; elles donneroient bientôt atteinte à la santé si elles séjournoient davantage dans le sang. Or le défaut d'exerci-

ce,

ce, ou des exercices trop violens, diminuent cet écoulement invisible. Au contraire, des mouvemens assortis à nos forces le favorisent.

Les observations de *Sanctorius* nous ont encore appris, que c'est ce même jeu des organes de la transpiration, qui donne des charmes à la chaleur du feu pendant l'hyver, à la fraicheur de l'air pendant l'Eté, & à tout ce qui entretient & anime la circulation du sang.

Quand nous nous sommes mis à portée d'un objet, les couleurs le caractérisent à nos yeux; quelques-unes sont tristes; la plûpart sont agréables.

Les

Les expériences de Mr. *Newton* nous ont instruit des raisons de cette différence. Les rayons qui forment la couleur de feu sont ceux qui ont le plus de force; aussi est-elle la plus brillante; mais bientôt elle fatigue la vuë. Ceux qui forment la couleur verte ont par leur mouvement modéré le privilége de pouvoir toûjours mettre en mouvement les fibres de l'œil, sans jamais les affoiblir; les couleurs brunes & noires portent l'image de la tristesse, parce qu'elles laissent les yeux dans une sorte d'inaction.

Ces différentes couleurs font sur tous les yeux la même imprespression; mais il y en a sur la préférence desquelles les gouts se trouvent partagés. C'est ainsi que des fibres de l'œil tendres & délicates, aiment mieux le violet que l'orange; c'est une couleur attachée à des rayons plus foibles. La varieté dans les fibres de l'œil met de la varieté dans l'agrément des couleurs.

Ce qui a frappé agréablement la vuë par ses couleurs, acquiert un nouvel agrément, soit par la grandeur, soit par la diversité de ses parties. L'immense étenduë de la mer, ces fleuves qui du haut des montagnes se précipitent dans des abî-

abîmes, des campagnes qui présentent de toutes parts de riches tableaux; tous ces objets ont un agrément proportionné à la grandeur & à la varieté des portraits qui se peignent dans le fond de nos yeux.

Il en est des fibres de l'oreille comme de celles de l'œil; elles sont flattées par ce qui les agite sans les affoiblir; quoi de plus doux que le gazouillement d'un ruisseau?

Le siege de l'ouie est une sorte de coquille composée de fibres nerveuses tournées en spirale, dont chacune a son elasticité particuliere. Un son est d'autant plus moëlleux qu'il

trou-

trouve dans cet inſtrument admirable, plus de cordes à l'uniſſon. Au contraire, un bruit eſt importun, quand les fibres de l'oreille, par la diſſonance de leurs mouvemens, s'entre-choquent & s'entre-heurtent.

La varieté donne de l'agrément aux ſons. Les plus agréables ceſſent de l'être par la continuité fatigante de leur action ſur les mêmes fibres.

La différence dans l'organe de l'ouie rend agréable pour les uns, des ſons qui déplaiſent aux autres. Un homme dont parle *Petrarque* * étoit moins charmé du chant des Roſſignols, que d'un

* De Remed. fortun. L. 2.

d'un concert de grenouilles. Les fibres de ſon oreille étoient apparemment ſi compactes, qu'une ſuite de cris perçans les ébranloit ſans les fatiguer.

L'agrément des ſaveurs & des odeurs, n'eſt pas moins aſſorti à nos beſoins, que celui des couleurs & des ſons. Les ſels âcres & piquans, qui portés dans le corps par la reſpiration ou par la digeſtion y jetteroient le trouble & le déſordre, décélent leur qualité malfaiſante, par la violence de leur impreſſion ſur les mammelons nerveux, qui ſont le ſiége de l'odorat & du goût: Au contraire, une impreſſion douce & agréable annonce les odeurs & les ſaveurs qui, par la nature de leurs principes, peuvent entretenir dans le ſang le juſte mêlange de ſels & de ſoufre qui y décide de la ſanté.

Les remédes les plus ſalutaires dans certaines circonſtances ſont cependant deſagréables. N'en ſoyons point ſurpris. Ce ſont des poiſons pour un homme ſain, & même pour la plûpart des malades. Mais il y a une ſorte de remédes qui ſemblent nous être préſentés par les mains de la Nature, dont l'uſage eſt néceſſaire dans toutes les maladies, & qui ſuffit preſque pour les guérir; ce ſont la diéte & les liqueurs capables de délayer le ſang, de le rafraichir, & de le renouveller. Devient-on malade? le goût donne alors à ces remédes univerſels la préférence ſur les nourritures les plus délicieuſes.

CHAPITRE IV.

Il y a un agrément attaché à ce qui exerce l'eſprit ſans le fatiguer.

LE mouvement de l'eſprit n'eſt pas moins néceſſaire que celui du corps pour aſſurer nôtre exiſtence. Les ſens des animaux, bien plus parfaits que les nôtres, les éclairent ſuffiſamment ſur ce qui leur eſt contraire ou favorable; mais l'eſprit nous eſt donné pour ſuppléer au défaut de nos ſens, & le plaiſir s'offre à lui pour l'animer dans ſes démarches, & le préſerver d'une inaction fatale. Le plaiſir, pére des jeux & des amuſemens, l'eſt auſſi des Sciences & des Arts; & ſi l'Univers entier eſt forcé par notre induſtrie de payer tribut à nos beſoins & à nos deſirs, nous en avons l'obligation à l'attention qu'a eu la Nature de revêtir d'une impreſſion agréable ce qui exerce l'eſprit ſans le fatiguer. Le charme de cet exercice enléve quelquefois l'ame au point qu'il ſemble l'avoir détaché de ſon corps; Perſonne n'ignore ce que l'Hiſ-

toire

toire rapporte d'*Archimede*, & de quelques autres Geométres anciens & modernes. Si nous doutons de ces faits, reconnoissons-en du moins la possibilité, par des spectacles à peu près semblables qui s'offrent à nous tous les jours. A voir un Joüeur d'échecs concentré en lui-méme, & insensible à tout ce qui frappe ses yeux & ses oreilles, ne le croiroit-on pas intimément occupé du soin de sa fortune, ou du salut de l'Etat? Ce recueillement si profond a pour objet le plaisir d'éxercer l'esprit par la position d'une piéce d'ivoire.

C'est de cet exercice de l'esprit que nait l'agrément des

penſées fines, qui de même que la bergére de *Virgile*, ſe cachent autant qu'il le faut pour qu'on ait le plaiſir de les trouver.

Il y a eû des hommes à qui l'on a donné le nom de Philoſophes, & qui ont crû que l'exercice de l'eſprit n'étoit agréable que par la réputation qu'on ſe flattoit d'en recueillir. Mais tous les jours ne ſe livre-t-on pas à la lecture & à la réflexion, ſans aucune vuë ſur l'avenir, & ſans autre deſſein que de remplir le moment préſent?

Les ſpectacles que l'Art nous offre, doivent la plus grande partie de leur agrément à l'ordre & à la ſymmetrie qui mettent l'eſ-

prit

prit à portée d'en ſaiſir les différentes parties.

C'eſt la ſymmetrie qui fait l'agrément de la rime. Un de nos Poëtes a eſſayé de proſcrire cette reſſemblance de ſons, & de la reléguer dans la claſſe des *acroſtiches*, & de ces ouvrages frivoles qui n'ont d'autre mérite que celui de la difficulté. Il n'a pas fait attention que les vers ſont deſtinés à être chantés ou déclamés; ils paſſent de la bouche d'un Acteur ou d'un Muſicien, dans celle de tout un Peuple; & leur ſtructure eſt d'autant plus parfaite, qu'ils ſont plus diſpoſez à ſe préſenter auſſi-tôt que la mémoire les recherche.

Les langues Grecque & Latine n'ont pas beſoin de la rime dans les vers. Chaque eſpéce de verſification y forme, par l'ordre de ſes différentes meſures, une ſorte d'air noté, qui donne ſuffiſamment priſe à la mémoire; le retour des mêmes ſons, en y devenant inutile, n'y feroit qu'une répétition deſagréable.

Mais ſi dans notre Poëſie, cette ſorte de monotonie eſt agréable par ſa nature; pour quoi, dit Mr. *de la Motte*, déplait-elle preſque toujours dans la Muſique? C'eſt que l'objet principal du Muſicien eſt de charmer par les ſons, & il ne peut

peut mieux y reüſſir qu'en les variant. Mais le Poëte ne ſe borne pas à flatter l'oreille de celui qui l'écoute; il veut encore imprimer dans ſa mémoire une ſuite d'idées, de ſentimens, & d'expreſſions; & il n'eſt aucun de ſes vers qu'il ne voulut graver dans le cerveau de tous les hommes avec des traits ineffaçables. La plûpart des langues vivantes lui offrent la rime, comme le ſecours le plus favorable pour l'execution de ſon deſſein.

L'imitation par les couleurs, par les ſons, par les geſtes, par le diſcours, eſt encore une ſorte de ſymmetrie. Les objets qu'elle nous présente donnent une prise facile à l'imagination, par la comparaison que nous en faisons avec des objets déja connus.

Si nous en croyons *Aristote*, la représentation d'un objet n'a d'agrément pour nous, que par ce que l'esprit, en observant la fidelité du portrait, acquiert une connoissance. Mais ne fait-il pas une acquisition de même espéce, quand il observe les défauts d'une représentation infidelle? Tous les ouvrages des Peintres, des Poëtes, des déclamateurs, des Musiciens, feroient donc toujours une égale impression de plaisir, quelque différence qu'il y eut dans l'execution.

La

La repréſentation d'un objet, ſuivant d'autres Philoſophes, ne plait qu'à la faveur des paſſions ; & il eſt certain que ſans leur ſecours elle n'émeut & ne pénétre point. Mais convenons auſſi que l'objet le moins intéreſſant fait du moins ſur la ſurface de l'ame une legére impreſſion de plaiſir, s'il eſt fidellement exprimé, & ſi entre l'original & le portrait il y a une exacte ſymmetrie. C'eſt que telle eſt une des loix principales du ſentiment; dès qu'un tout a ſes parties formées & aſſorties de façon que l'ame peut aiſément s'en former une idée nette & diſtincte, il eſt revêtu d'agrément.

Le *contraste* dans la peinture, dans la Poesie, & dans l'Eloquence, est encore une sorte de symmetrie, qui rapprochant des objets contraires, fait sortir les traits de l'un par la comparaison avec ceux de l'autre. C'est ainsi que les anciens Sculpteurs, pour ajouter une nouvelle beauté à une *Venus*, ou à une *Grace*, la renfermoient dans la statuë creuse d'un *Satyre*; & par un semblable artifice, *Virgile*, pour peindre plus vivement l'agitation du cœur de *Didon*, en place le tableau dans celui d'une nuit qui versoit ses pavots sur tout le reste de la Nature.

Il y a des rapports, autres que

que la ſymmetrie, qui ſont faciles à ſaiſir. L'architecture les employe avec ſuccès. Ainſi la hauteur des portiques dans les édifices réguliers, eſt double de la largeur; la hauteur de l'entâblement eſt le quart de la hauteur de la colomne; & c'en eſt le tiers qui fait la hauteur du pié-d'eſtal. Tous les grands Architectes, parmi les diverſes proportions qui pouvoient ſe concilier avec la deſtination de leurs ouvrages, ont toujours choiſi celles que l'eſprit pouvoit ſaiſir ſans effort.

Il en eſt du Muſicien comme de l'Architecte. L'*uniſſon* & l'*octave* ſembleroient devoir être

les

les plus agréables de tous les accords, puiſque ce ſont ceux qui impriment le plus de mouvement dans les fibres de l'ouïe. Mais le plaiſir de la Muſique eſt bien plus du reſſort de l'eſprit que de l'oreille. La *quinte* eſt la conſonance la plus agréable, parce qu'elle a l'avantage de préſenter à l'ame le rapport dont la recherche l'exerce davantage ſans la fatiguer.

Il y a des compoſitions hardies & ſavantes, qui ne plaiſent qu'à de profonds Muſiciens. La fineſſe de leur goût leur fait meſurer ſans peine entre des diſſonances, un rapport qui échape à des oreilles moins exercées.

L'A-

L'Analogie qui régne dans toute la Nature, nous autoriſe à conjecturer, que la loi qui régle l'agrément des ſons, influë ſur d'autres objets de nos ſens. Il y a des couleurs dont l'aſſortiment plait aux yeux; c'eſt qu'aparemment leur impreſſion ſur les fibres de l'œil y forme, pour ainſi dire, une conſonance. Peut-être même cette loi s'étend-elle aux odeurs & aux ſaveurs. Il eſt vrai que celles qui ſont ſalutaires, ſont agréables; mais leur ſalubrité ne paroit pas toujours la meſure préciſe de leur agrément.

Ce n'eſt point par les proportions, ou par les rapports ſymmémétriques, que l'Art jette le plus d'agrémens dans ses ouvrages. C'est sur-tout en liant leurs différentes parties avec un objet principal, qui aide l'esprit à les saisir & à les retenir.

Le rapport des moyens à une fin marquée, suffit pour embellir ce qu'il y a de plus simple; & c'est le principal de tous les agrémens; c'est celui qui influë & domine sur tous les autres, qui leur assigne à chacun leur place, & les déclare ou beautés ou défauts, suivant qu'il se concilie avec eux.

L'Art ne se borne pas à unir les parties d'un ouvrage par leur rapport à une fin commune;

ne; il les lie encore par leur ſubordination à une partie principale, qui ſoit pour elles comme un centre de réünion.

Les architectes *Goths* aimoient à placer aux deux côtez du corps de leurs édifices, des maſſes énormes de pierre, qui l'effaçoient, qui partagoient la vuë & la tenoient indéciſe.

Bramante, & à ſon exemple, la plûpart des Architectes modernes, mieux inſtruits que leurs prédéceſſeurs dans l'art de frapper agréablement les yeux, ont placé dans le milieu de l'édifice, une partie principale qui domine ſur les autres, & offre à la vûë un point fixe, d'où elle

elle peut ſe diſtribuer aiſément ſur toutes les parties de l'ouvrage.

Les grands Peintres ont une ſemblable attention; Ils grouppent & diſpoſent leurs figures de façon à déterminer & fixer les yeux ſur un objet principal.

Les Poëtes en uſent de même dans l'ordonnance de leurs Tableaux.

Les uns & les autres ne ſe bornent pas à ſubordonner leurs perſonnages; ils rapportent encore d'ordinaire à une ſeule action les événemens qu'ils nous offrent. Quoi de plus ſatisfaiſant pour l'eſprit, que de ſaiſir comme d'un coup d'œil une multitutitude de faits liez enſemble par leur rapport commun à une action importante?

On peut ſans doute renfermer dans un Poëme différentes fables, & y raſſembler comme dans une gallerie, une ſuite de portraits. C'eſt ainſi qu'en ont uſé *Ovide*, *Stace*, & pluſieurs autres Poëtes. Mais bien des ſiécles avant eux, & la Poëſie n'étant encore qu'au berceau, *Homere* s'étoit apperçû que ce ſeroit offrir à l'eſprit un ſpectacle bien plus agréable, que de réünir dans un même tableau une multitude de perſonnages, & de les y faire tous concourir à une même action; il il forma ſur cette idée le plan du Poëme Epique.

Eſchile, long-tems après, forma ſur le Poëme Epique le plan de la Tragedie, par la repréſentation d'un événement dévelopé dans toutes ſes circonſtances. Ce grand Poëte, rival d'*Homere*, ſans en être l'imitateur, reconnut aiſément qu'un Poëme dramatique auroit d'autant plus de charmes pour l'eſprit, qu'une action principale en lieroit toutes les ſcénes, & les tiendroit comme enchaînées dans la mémoire.

A l'unité d'action, *Eſchile* ajoûta l'unité de jour & de lieu. Il eſt vrai que dans ſes *Eumeni-*

des

des la ſcéne paſſe de *Delphes* à *Athenes*. Mais dans ſes autres piéces, elle demeure toujours la même.

Mr. *de la Motte* a eſſayé d'affranchir les Poëtes dramatiques de la loi, que ſembloit leur impoſer l'exemple d'*Eſchile* & des Anciens. Ce fameux Partiſan des modernes, ſemblable à quelques Sectaires, ne s'eſt pas contenté de déclarer la guerre à la ſuperſtition ; tous les honnêtes gens ſe fuſſent rangés de ſon parti : il a dans l'ardeur de ſon zèle, briſé des Tableaux qui méritoient nos reſpects, a combattu des dogmes conſacrez, & en a fait revivre de flêtris. Novavateur d'autant plus dangereux que la Raiſon ſemble quelquefois s'armer en ſa faveur. Heureuſement l'Egliſe, ni l'Etat, n'ont rien à craindre de cette prétenduë reforme, & il n'en doit ſortir que des guerres innocentes, qui ſouvent valent mieux que la paix.

Il eſt certain, par la theorie des ſentimens, que l'obſervation des trois unitez ne doit point ſon mérite à une inſtitution arbitraire, puis-qu'il y a un agrément attaché à tout ce qui met l'eſprit en état de ſe former un tableau diſtinct de l'objet qu'on lui préſente.

Convenons cependant que les plai-

plaiſirs du cœur étant fort au-deſſus de ceux de l'eſprit, ſi les trois unitez n'avoient d'autre avantage que de donner à l'eſprit une priſe facile, on devroit ſouvent les ſacrifier à une multitude d'événemens intéreſſans qui porteroient de grands mouvemens dans le cœur; mais voici quelque choſe de plus.

On doit qualifier de défaut réel, dans un Poëme dramatique, tout ce qui eſt de nature à diminuer l'intérêt qu'on y prend; comme au contraire, il y a un agrément réel attaché à tout ce qui fortifie le charme de l'illuſion. Qu'un vieillard jouë le rôle d'un jeune-homme, me, lors qu'un jeune-homme jouëra le rôle d'un vieillard; que les décorations ſoient champêtres, quoi-que la ſcéne ſoit dans un palais; que les habillemens ne répondent point à la dignité des perſonnages; toutes ces diſcordances nous bleſſeront; & il en eſt de même de l'inobſervation des trois unitez. Multipliez dans une piéce de Theatre les actions principales: faites couler pluſieurs ſiécles dans l'eſpace de quelques heures; tranſportez en un moment le ſpectateur, d'une partie du monde dans l'autre; toutes ces abſurditez ſont autant d'avertiſſemens qui nous rappellent la fauſ-

fauſſeté du ſpectacle, & il en ſort comme une voix qui nous crie de ne point donner de larmes véritables à des malheurs feints.

CHAPITRE V.

Il y a un agrément attaché à tous les mouvemens du cœur, que la haine & la crainte n'empoiſonnent pas.

C'Eſt par les mouvemens d'amour & de haine que l'ame s'attache à ce qui lui paroit un bien, & qu'elle repouſſe & fuit tout ce qui lui paroit un mal; ce ſont là comme les deux reſſorts qui font joüer toutes nos facultez, pour le maintien de notre exiſtence.

La haine & toutes les paſſions qui en prennent naiſſance, ſont néceſſairement accompagnées d'un ſentiment douloureux, par l'idée du mal qui nous afflige, ou qui nous menace ; elles portent même leur poiſon juſques dans le ſang ; & troublant le cours de la tranſpiration, comme on le ſait par les obſervations de *Sanctorius*, elles répandent dans toute l'étenduë du corps une impreſſion deſagréable. Il y a néanmoins une ſorte de douceur qui tempére leur amertume. L'ame s'y complait comme dans les mouvemens qui con-

conviennent le mieux à sa situation présente, & qui ont pour objet d'anéantir ce qui la menace. Tels sont la plûpart de nos sentimens; le plaisir & la douleur entrent dans leur composition, & ils sont agréables ou desagréables, suivant que l'un ou l'autre de ces élémens contraires y domine le plus.

Il y a des plaisirs vifs qui naissent du sein de la haine; la destruction de son ennemi paroit le plus grand de tous les biens. Il y a même des hommes, aux yeux desquels il n'est point de spectacle plus charmant, que la chûte de quiconque leur paroiſſoit heureux; un bonheur étranger rend leur miſere plus vive, & ils applaudiſſent à tout ce qui anéantit des points de vuë qui leur étoient odieux.

Toutes ces ſortes de plaiſirs malfaiſans décélent un malheur ſecret, dont ils ne font qu'adoucir, ou ſuſpendre le ſentiment. Auſſi tout homme, né envieux ou méchant, eſt-il naturellement triſte.

Les mouvemens du cœur, autres que ceux de la haine, ſont eſſentiellement agréables; le deſir même, quoi-qu'enfant de l'indigence, pour me ſervir de l'expreſſion de *Platon*, eſt accompagné

pagné de plaiſir. On jouït toujours de ce qu'on eſpére, & l'on ne jouït pas toujours de ce qu'on poſſéde. Il eſt plus doux de ſe porter par le mouvement du cœur vers le moindre objet, que de poſſeder les plus grands Biens dans une molle inaction.

Le charme de l'eſpérance fait celui de la nouveauté. Avides de ſentimens agréables, nous nous flattons d'en recevoir de tous les objets inconnus qui ſe préſentent à nous. C'eſt à la nouveauté que la Vérité même doit une partie de ſon éclat. Elle a ſouvent l'avantage de flatter, ou l'eſprit par le ſuccès de ſes recherches, ou le cœur par les biens qu'elle lui promet. Mais d'ordinaire son principal attrait s'efface dès qu'elle nous est connuë. Le charme secret qui a dû nous inviter à acquérir des connoissances, devoit aussi s'évanouïr sitôt qu'elles sont acquises; leur utilité réelle doit faire alors tout leur mérite.

La nouveauté n'a plus les mêmes attraits pour les vieillards; ils ont appris à se défier des promesses qu'elle leur fait.

L'agrément de la varieté tient à celui de la nouveauté. Dans une multitude d'objets differens qui se présentent à nous, il y en a toujours qui nous offrent quel-

quelque chose de nouveau.

Des objets qui ont pour eux la nouveauté & la varieté, ont souvent la préférence sur ceux où brillent un ordre & des proportions qui nous sont connuës. On quitte avec plaisir les jardins les plus réguliers pour se promener dans les campagnes; & l'on préfére bien-tôt le chant naturel des rossignols, à des airs notés qu'on leur aura entendu répéter plusieurs fois.

Si l'amour a des charmes jusques dans l'inquétude du desir, combien doit-il en avoir lors qu'il n'est point corrompu par le mêlange d'aucune passion affligeante? *Que les damnés sont mal-*

 heu-

heureux, disoit Ste. Catherine de Genes, *ils ne sont plus capables d'aimer.*

Tout mouvement de tendresse, d'amitié, de reconnoissance, de générosité, de bien-veillance, est un sentiment de plaisir; aussi tout homme né bienfaisant est-il naturellement gay.

Il y a eu de pieux visionnaires, qui ont essayé par une abstraction de l'esprit, de desirer la durée de leur amour pour Dieu, & l'anéantissiment du plaisir qu'ils sentoient à l'aimer. Mais retrancher l'idée du plaisir de celle de l'amour, c'est retrancher de l'idée d'un cercle celle de la rondeur. L'amour est parfaitement

ment desintereſſé lors-qu'on ne veut en recueillir d'autre fruit que celui d'aimer. Le desintéreſſement du Chrêtien doit aller juſques-là, & ne peut pas aller plus loin.

S'il y a eu des Theologiens qui ont crû l'ame capable d'un deſintéreſſement total à l'égard du plaiſir; il y a eu en revanche des Philoſophes qui l'ont crû incapable de tout autre mouvement que de ceux qui naiſſent d'un intérêt perſonnel. Mais voulons-nous nous convaincre du contraire? Tranſportons-nous un moment ſur nos theatres. Ces ſpectacles mêmes où l'on eſſaye ſouvent de corrompre le cœur, nous apprendront qu'il étoit fait pour la vertu. Que de pleurs ſur des Héros malheureux ! avec quelle joie les arracherions-nous à l'infortune qui les pourſuit ? Leur ſommes-nous donc attachés par les liens du ſang ou de l'amitié ? Non, certainement ; mais ce ſont des hommes qui nous paroiſſent vertueux, & nous portons en nous-mêmes un germe de bienveillance, toujours prêt à ſe déveloper en faveur de l'humanité & de la vertu, dès qu'une paſſion contraire n'y met point obſtacle. L'hiſtoire nous a conſervé le ſouvenir du Tyran d'une ville Grecque qui ſe baignoit

tous

tous les jours dans le ſang, & qui à la repréſentation de l'*Hecube d'Euripide*, ſortit à la fin du premier acte, honteux d'être malgré lui tout en pleurs, & d'avoir pour les mânes des Troyens une ſenſibité qu'il n'avoit pas pour ſes compatriotes. Cruël par intérêt, & humain par penchant, il payoit ſur le theatre à des hommes malheureux de qui il n'avoit rien à craindre, le tribut de Bienveillance qui leur étoit dû.

Puis qu'il y a un plaiſir attaché à tout mouvement de l'ame où la bienveillance domine, les Anciens n'ont pas dû regarder comme des Tragédies défectueuſes, celles où notre inquiétude, ſur le ſort d'un homme vertueux, croiſſant juſqu'à la Cataſtrophe, fait enfin place à la joïe de le voir heureux.

Convenons cependant avec *Ariſtote* & ſes Commentateurs, que l'ame plus ſenſible à la douleur qu'au plaiſir, eſt bien plus profondément attendrie par l'infortune d'un Héros vertueux, que par ſa proſperité. Son bonheur auroit fait notre joïe; & par le pouvoir enchanteur de la Tragédie, ſes malheurs nous font encore plus de plaiſir; ils nous affligent profondément; & cette affliction devient délicieuſe, quand l'art du Poëte a ſû en écar-

écarter l'indignation, & y faire dominer la Bienveillance, dont le charme ſecret eſt aſſez puiſſant pour changer la douleur même en plaiſir, & rendre les larmes plus agréables que le rire.

Mais par quel prodige pouvons-nous être agréablement frappés ſur le theatre, par des malheurs affreux, qui nous auroient pénétrés d'horreur, ſi nous en avions été les témoins?

C'eſt la différente poſition de l'objet qui fait la différence de ces impreſſions. Plus les malheurs d'autrui ſont à portée de ſe répandre ſur nous, plus la crainte nous les rend perſonnels,

nels. Mais ceux que la Tragédie étale à nos yeux, se montrent à nous dans un lointain, d'où, sans inquiéter l'amour que nous nous portons à nous-mêmêmes, ils intéressent celui que nous portons à tous les hommes vertueux.

Les mêmes spectacles qui nous instruisent du charme secret, qui accompagne les mouvemens du cœur, nous apprennent aussi qu'on ne peut guére les appercevoir dans les autres, sans les partager. C'est à ce commerce établi par la Nature, que la Societé doit ses liens les plus doux, & que la Peinture, la Poësie, la Déclamation & l'E-

lo-

loquence, doivent leurs charmes les plus puiſſans.

CHAPITRE VI.

De la Beauté du Corps, de l'Eſprit & de l'Ame.

LA Nature ne s'eſt pas bornée à nous éclairer par le ſentiment ſur nos qualitez perſonnelles: Celles d'autrui forment pour nous un ſpectacle enchanteur ou affligeant, ſuivant qu'elles ſont favorables ou contraires à l'exiſtence de ceux qui les poſſédent. Deſtinés à vivre en ſocieté & à être membres les uns des autres, nous diſcercernons du premier coup d'œil ceux qui ont besoin de notre secours, & ceux qui peuvent nous être de quelque utilité.

On ne peut sans une secrette horreur envisager dans les autres hommes des membres déchirez, des excrescences incommodes, des couleurs cadavereuses. Au contraire, une heureuse température dans le sang s'annonce par l'agrément des couleurs, & les organes qui sans avoir rien d'inutile, ont précisément tout ce qu'il faut pour remplir parfaitement leurs fonctions, se caractérisent par l'agrément des traits.

Quelques parties du corps, telles

telles que le front, ſont ſuſceptibles de diverſes formes qui ſe concilient également avec leur deſtination. La beauté en eſt alors arbitraire. C'eſt ainſi qu'en Egypte & en Syrie, une prévention favorable donnoit des charmes aux moindres traits de reſſemblance avec Alexandre & Cleopatre.

La Beauté ſe différencie ſuivant les différentes places que la Nature nous a aſſignées. Elle brille dans l'*Hercule Farneſe*, de même que dans la *Venus de Médicis*; elle ſe montre juſques ſur le front auſtère & dans les rides du *Moyſe* de *Michel-Ange*. Il y a dans chaque âge, & dans cha-

chaque ſexe, une ſorte de fleur attachée à toute conformation favorable.

Il y a des Païs ſteriles en beautés régulieres, où il ſemble qu'on ait placé l'idée du beau, non ſur ce qui l'étoit réellement, mais ſur ce qui étoit le moins laid.

Les qualitez de l'eſprit fourniſſent à ceux que la paſſion n'éblouït pas, un ſpectacle encore plus agréable que celles de la figure. Il n'y a que l'envie ou la haine, qui puiſſent rendre inſenſible au plaiſir d'appercevoir en autrui cette pénétration vive, qui ſaiſit dans chaque objet les faces qui s'aſſortiſſent

tiſſent le mieux avec la ſituation où l'on eſt.

Les graces ſont plus belles que la beauté du corps, parce qu'elles ſont comme un voile tranſparent, à travers lequel l'eſprit ſe montre. Elles ſont attachées au juſte rapport des attitudes, des geſtes, des mouvemens, des expreſſions, des penſées, avec la fin qu'on s'y propoſe; & elles y jettent d'autant plus d'agrément, que les moyens les plus convenables étoient les plus difficiles à ſaiſir.

La beauté de l'eſprit, quelque brillante qu'elle ſoit, eſt effacée par la beauté de l'Ame. Les ſaillies les plus ingénieuſes

n'ont

n'ont pas l'éclat des traits qui peignent vivement une ame courageuſe, deſintéreſſée, bienfaiſante. Le genre-humain applaudira dans tous les ſiécles, au regret qu'avoit *Titus*, d'avoir perdu le tems qu'il n'avoit point employé à faire des heureux ; & les échos de nos theatres applaudiſſent tous les jours au diſcours d'une infortunée, qui abandonnée de tout le genre-humain, & interrogée ſur les reſſources qui lui reſtent dans ſes malheurs : *Moi*, répond-elle, *& c'eſt aſſez.*

Ces traits de l'ame nous inſpirent quelquefois une vive paſſion pour des morts. Pourquoi

Plutarque dans ſes *Paralléles* a-t-il ſur des Hiſtoriens ſupérieurs à lui l'avantage de ſe faire relire, de façon qu'on croit toûjours le lire pour la premiere fois? c'eſt qu'il y fait en quelque ſorte l'hiſtoire de la grandeur de l'ame.

Des hommes célébres par la connoiſſance du cœur humain, ont crû que les charmes qu'avoit pour nous la beauté de l'ame, n'étoit que la joie ſecrette qu'avoit l'amour propre d'enviſager en autrui des qualitez qui nous ſont favorables. Mais la beauté de l'ame n'eſt pas moins indépendante de notre intérêt perſonnel que l'eſt la beauté du corps. Un traitre eſt in-

infame, même aux yeux de la nation qu'il ſauve par ſa perfidie. Un diſſipateur eſt ridicule, même aux yeux de celui qu'il enrichit par ſa ruïne. Au contraire, un inconnu, un mort, nous frappent agréablement par le ſpectacle d'une action vertueuſe, dont notre amour propre n'eſpére aucun fruit; & il n'eſt pas même impoſſible que dans un ennemi la grandeur de courage ne nous charme, en même temps qu'elle nous intimide.

Il en eſt donc de la beauté de l'ame comme de celle du corps; elle caractériſe des qualitez qui ſont de nature à aſſurer l'exiſtence de ceux qui les poſſédent.

Quoi

Quoi de plus favorable dans l'état de foiblesse où nous sommes, que de mettre par notre bienveillance les autres hommes dans nos intérêts, de pouvoir conserver toute sa présence d'esprit dans les plus grands périls, & de trouver dans le sein de ses propres facultez une richesse & une grandeur indépendante de la fortune?

Mais si le spectacle de la grandeur d'ame doit ses charmes au mérite qu'elle a de pouvoir contribuer à notre conservation; par quel prodige ne brille-t-elle jamais plus que dans ceux qui s'immolent à leur devoir? c'est que le charme qu'a pour nous la grandeur d'ame dans les autres hommes, n'eſt point l'ouvrage de nos réflexions ſur l'avantage dont elle eſt pour aſſurer leur exiſtence; c'eſt un caractére éclatant qui lui eſt imprimé par la main même de la Nature, & qui ſubſiſte indépendamment des ſituations perſonnelles. Les Loix génerales ne ſuſpendent point leur action, lors même que des circonſtances particulieres la rendent inutile. Au reſte, le ſacrifice de la vie à la Vertu, reçoit ſa principale beauté de la Raiſon & de la Religion qui y applaudiſſent.

L'air du viſage & de la perſonne raſſemble quelquefois ſous un un même point de vuë, toutes les différentes espéces de *Beautez*; c'est un assortiment de la figure avec les mouvemens qui caractérise les qualitez du tempérament, de l'esprit, & de l'ame.

L'heureuse conformation des organes s'annonce par un air de force; celle des fluides par un air de vivacité; un air fin est comme l'étincelle de l'esprit; un air noble marque l'élevation des sentimens; un air tendre semble être le garant d'un retour d'amitié.

Tous ces différens airs sont un spectacle agréable, non seulment par les qualitez qu'ils expriment, mais encore par les ſentimens qu'ils font naitre dans l'ame du ſpectateur.

C'eſt le rapport ſecret de ces différens airs avec nos diſpoſitions particulieres, qui fait le jeu de la ſympathie. Il en eſt des perſonnes comme des lieux & des objets; ce qui nous plait plus n'eſt pas toûjours ce qui mérite davantage de plaire. Des lieux ſombres dont l'approche ſemble faire expirer la joie, ont des charmes pour ceux qui livrés à une profonde triſteſſe redoutent tout ce qui peut les en diſtraire.

Ce rapport ſecret à nos diſpoſitions particulieres fait quel-

que-

quefois ſortir du ſein même de la laideur, des agrémens qui inviſibles au reſte du genre-humain, brillent à nos yeux de l'éclat le plus vif. Un enfant nouvellement né ſemble devoir être le rebut de tout l'univers; c'eſt pourtant de tous les objets le plus charmant pour ceux de qui il tient la naiſſance. La nature a répandu une impreſſion de plaiſir, non-ſeulement ſur ce qui peut aſſurer notre exiſtence, mais encore ſur ce qui peut la perpétuer. Auſſi la Beauté la plus parfaite ne feroit-elle ſon impreſſion que ſur la ſurface de l'ame, ſi la Nature ne l'avoit établie comme l'attrait qui nous invite à immortaliser notre espéce.

Les animaux qui nous frappent par leur beauté, la doivent sur tout à l'éclat de leurs couleurs, aux graces qu'ils nous paroissent avoir dans leurs mouvemens, & aux sentimens qu'ils nous semblent exprimer par leur air.

CHAPITRE VII.

De l'harmonie du Style.

L'harmonie du style mérite une considération particuliere. J'espére en indiquer toutes les sources par le secours

des

des Anciens, qui ont bien plus approfondi cette matiere que n'ont fait les Modernes. Ceux qui sembloient les maitres d'Athénes & de Rome, étoient les esclaves d'un peuple dont il leur falloit flatter l'oreille délicate. L'ambition ennoblissoit alors des recherches qui ne sont présentement que des minuties de Grammaire. La Philosophie les ennoblira à son tour, si elles peuvent éclaircir les loix du *Sentiment*, & nous faire sentir jusqu'à quel point leur Auteur a porté son attention bien-faisante.

Les sons qui composent un discours peuvent être considerez, 1°. en eux-mêmes,

2°. par rapport à ceux qui les précédent,

3°. par rapport au nombre des syllabes qui forment un mot,

4°. par rapport aux idées qu'expriment ces mots.

Ces quatre rapports différens fournissent autant de sources d'agrémens.

Mr. *de la Motte* a crû que les mots ne plaisoient à l'oreille, que par les idées qu'ils présentoient à l'esprit; mais nous en rapporterons-nous plûtôt à son autorité qu'à notre sentiment intérieur, & à celui de tous les peuples de la Terre? Non, sans doute; il y a des sons qui considérez en eux-mêmêmes ſont doux : il y en a de rudes ; quelques-uns par leur réünion forment une ſorte d'accord ; d'autres font une diſſonance ; enfin le mêlange des ſons eſt agréable ou choquant, ſuivant qu'il eſt varié ou uniforme.

Les organes de la parole ſont en quelque ſorte aſſociés à ceux de l'ouïe ; il y a des nerfs qui lient commerce entr'eux, & qui rendent leurs intérets communs. Auſſi n'entend-on qu'avec peine les ſons qui ſe prononcent avec difficulté.

La différence dans les organes de l'ouïe & de la parole, fait que des ſons rudes pour un un peuple délicat, ne le ſont point pour des peuples groſſiers. Je ne m'étendrai point ici ſur cette theorie, que les Rhéteurs anciens & modernes ont fort approfondie.

Les ſons conſidérez comme mots, acquiérent une ſorte d'harmonie, lors qu'ils ſont placez dans l'ordre le plus favorable pour la mémoire. S'il y a dans une phraſe quelque mot qui ſoit beaucoup plus long que les autres, & par conſéquent plus difficile à retenir, marquez-lui, s'il eſt poſſible, la derniere place: On pourra alors ſe le rappeller plus aiſément. Jugeons-en par la facilité qu'ont les enfans ſans, à répéter les derniers mots du diſcours.

Les bons écrivains d'Athénes & de Rome, ont fait uſage de cette régle, autant que l'ordre des idées a pû le leur permettre. Auſſi les anciens Rhéteurs & Grammairiens l'ordonnoient-ils expreſſément ; * *In verbis obſervandum eſt ne à majoribus ad minora deſcendat oratio ; melius enim dicitur vir eſt optimus quam vir optimus eſt.*

J'obſerverai ici que, dans notre langue, pluſieurs monoſyllabes raſſemblez terminent bien une phraſe, parce qu'ils ne ſont

 pour

* Diomed. l. 2. cap. de ſtructurâ perfectæ orationis. *Voy. auſſi* Hermogen. l. 1. & Harpocration.

pour l'oreille qu'un ſeul & même mot.

Telle eſt la ſtructure des fibres de l'ouïe; elles ſaiſiſſent cette theorie lors même qu'elle échappe à la connoiſſance de l'eſprit. L'Auteur de la *Proſodie Françoiſe* a obſervé que les ſyllabes qui ſont bréves, devenoient longues, quand elles terminoient le diſcours. Nos Péres avoient ſenti qu'il étoit agréable pour l'oreille, que la derniere portion d'une phraſe fut la plus longue, & ils ont en conſéquence eu le raffinement de varier la prononciation du même mot. C'eſt ainſi que *votre*, qui eſt toujours bref, devient long,

long, quand il termine la phrase; *je ſuis vŏtre ſerviteur*, & *moi le vōtre.*

Les ſons conſiderés par rapport à ce qu'ils expriment, forment une ſorte d'harmonie, quand par leur longueur ou leur briéveté, leur rapidité ou leur lenteur, leur douceur ou leur rudeſſe, leur agrément ou leur ſimplicité, ils peignent pour l'oreille le ſentiment qu'ils préſentent à l'eſprit.

Chaque ſentiment a ſon ſtyle comme il a ſon ton.

L'extrême triſteſſe ne parle guére que par ſon ſilence; & il n'eſt point de diſſonance plus choquante, que des diſcours pom-

pompeux dans la bouche d'une personne extrêmement affligée.

Les douleurs médiocres aiment à se répandre dans le sein d'autrui; mais l'abbatement qui les accompagne, ne laisse pas la force d'employer de longues périodes. Il permet aussi peu des cadences sonores, & des ornemens recherchez. Des couronnes de fleurs ne siéent point dans le deuil.

La joie, si elle étoit extrême, seroit presque aussi muette que la tristesse. L'ame pénétrée alors d'un sentiment délicieux, repousseroit tout objet étranger, qui paroitroit y pouvoir faire diversion;

ſion. Mais cette ſituation eſt rare; notre joie eſt preſque toujours médiocre, & nous aimons à la multiplier en la partageant avec tous ceux qui nous approchent; le diſcours le plus long ne nous le paroit pas aſſez pour pour faire paſſer dans leur cœur tout ce que nous reſſentons. Une heureuſe circulation du ſang fournit alors aux organes de la parole toute la force dont ils ont beſoin: & l'imagination devenuë féconde & riante, change en or tout ce qui ſe préſente à elle. Les expreſſions les plus fleuries, les périodes les plus nombreuſes, ſont donc le langage naturel de la joie & de de toutes les paſſions où elle domine.

Mais quelque éloquente qu'elle ſoit, elle l'eſt bien moins que la colére. L'intérêt de notre conſervation demandoit qu'on fut plus ardent à repouſſer le mal qu'à pourſuivre le bien; nous implorons alors le ſecours de tous les êtres; nous voudrions armer l'Univers entier contre l'objet de notre haine; & tout ce qui s'offre à nous, ſemble devoir être l'inſtrument de notre vengeance. Les figures les plus vives, les périodes les plus longues, ne ſuffiſent pas à tous nos ſentimens. C'eſt ainſi que *Pericles* irrité contre *Megare*,

gare, tonnoit, foudroyoit, & mettoit en feu toute la Grèce. Il n'eſt point de harangue où l'éloquence brille avec plus d'éclat que dans celles qu'à enfantées la colere de *Demoſthène* & de *Ciceron*.

Les ſons conſidérés par raport à ce qu'ils expriment, forment encore une ſorte d'harmonie pour l'eſprit, quand chaque idée eſt placée dans un ordre convenable à ſa dignité, & que celle qu'il importe le plus de retenir ſe préſente la derniere.

Il arrive quelquefois que le plaiſir de l'oreille eſt en oppoſition avec celui de l'eſprit. L'idée la plus importante ſe trouve ren-

renfermée dans le mot le plus court. Faudra-t-il alors lui refuser, pour ainsi dire, la place d'honneur, ou surcharger la phrase d'un poids inutile? Non, sans doute; ce seroit faire sa cour à l'esclave plutôt qu'à la maitresse. Il faut sans balancer, sacrifier les sons aux idées: Les agrémens du stile sont si fort au-dessous du prix de la pensée, qu'ils doivent être pour l'écrivain, ce que sont pour l'homme sage les faveurs de la fortune; il les accepte si elles s'offrent à lui: le fuyent-t-elles; il dédaigne de les poursuivre.

Il n'est aucune phrase, soit qu'elle soit composée de plusieurs

ſieurs membres, ou qu'elle n'en ait qu'un, qui ne ſoit ſuſceptible des différentes ſortes d'harmonie que je viens d'expoſer. Le ſtyle ſoutenu en a une qui lui eſt particuliere, & qui réſulte du rapport qu'ont entr'eux les membres d'une période. Conſultons Ciceron : *Si membra in extremo breviora ſunt, infringitur ille quaſi verborum ambitus (ſic enim has orationis converſiones Græci nominant); quare aut paria eſſe debent poſteriora ſuperioribus, extrema primis, aut quod etiam eſt melius & jucundius, longiora : atque hæc quidem ab iis philoſophis quos tu maxime diligis, Catule, dicta ſunt,*

* De Orator. L. 3. Cap. 103.

ſunt, quod eò ſæpiùs teſtificor, ut authoribus laudandis ineptiarum crimen effugiam. Ne recueillons de ce paſſage que ce qui peut s'approprier à notre langue; & imitons nos Poëtes, qui ne pouvant tranſporter dans notre Poëſie la verſification des Grecs & des Latins, apprirent d'eux du moins à flatter agréablement l'oreille, par des rapports ſymmétriques. Apprenons ainſi de *Ciceron*, ou plutôt des Grecs dont il ſe déclare interpréte, qu'on peut former dans toutes les Langues, des périodes nombreuſes, par la ſymmétrie des parties qui les compoſent, ou par leur gradation.

Ce

Ce ſont comme l'a obſervé *Quintilien*, les rapports ſymmétriques, qui par leur agrément ont donné naiſſance à la Poëſie, Mais ils ne lui ont pas été reſervés. La Rhetorique en a compoſé pluſieurs de ſes figures; & tout frivoles que ſont ces ornemens, les Orateurs en font ſouvent un uſage heureux. L'Hiſtoire nous a conſervé à ce ſujet le ſouvenir d'un événement mémorable. *Gorgias* le Sicilien fut le prémier qui apprit à mettre en œuvre ces jeux de l'éloquence. Il fut envoyé à Athénes en Ambaſſade par les Leontins ſes compatriotes, pour demander du ſecours contre une

Puiſ-

Puiſſance voiſine. Il harangua les Athéniens, & les éblouït bientôt par des reſſemblances de ſons, de meſures & d'idées, menagées avec art; & il les détermina autant par le brillant de ſes figures, que par la force de ſes raiſons, à porter la guerre en Sicile en faveur de ſa patrie.

La gradation dans les membres d'une période eſt encore plus agréable que la ſymmétrie; l'art s'y cache mieux, & s'y diverſifie davantage; & puiſque dans l'arrangement des expreſſions & même des ſyllabes, c'eſt une choſe agréable pour l'oreille que les plus longues ſoient

ſoient placées les dernieres, une pareille diſpoſition dans les membres d'une période, aura ſans doute un ſemblable agrément. En voici quelques exemples,

Les plaintes de ceux qui ſouffrent,

dit Mr. Flechier,

rempliſſent l'ame d'une triſteſſe importune.

L'oreille ſent, ce me ſemble, que toute période formée ſur ce modéle ſera toujours agréable.

Monſr. *Boſſuet* dit d'une Reine d'Angleterre,

Iſſuë de tant de Rois,

ſon grand cœur ſurpaſſa ſa naiſſance.

L'oreille n'eſt pas moins flattée par la cadence des ſons, que l'eſprit l'esprit par la grandeur de l'idée.

L'exposition de ce qui fait le nombre des périodes à deux membres, comprend presque toute la theorie du style nombreux. C'est d'ordinaire la fin d'une phrase qui décide de son agrément. L'impression récente des deux derniers membres, semble effacer celle des précédens. On peut cependant dire de l'oreille, que si dans les périodes à plus de deux membres, une gradation mesurée est un plaisir qu'elle n'éxige point; elle n'est pas insensible quand on le lui procure. En voici la preuve.

Déja, dit Mr. Flechier, en par-

parlant de *Montecuculli*, qui commençoit à ſe retirer.

Déja prenoit l'eſſor,

pour ſe ſauver vers les Montagnes,

cet Aigle dont le vol hardi avoit d'abord effrayé nos Provinces.

Obſervez quel eſt l'agrément de la gradation dans les membres d'une période; il mérite qu'en ſa faveur, on renverſe l'ordre naturel des termes.

Voici quelques autres exemples que j'emprunterai de *Ciceron*. Il ſuffit d'ouvrir ſes Harangues; elles nous offrent de toutes parts des modéles de périodes nombreuſes. Ce grand Orateur pour prouver que *Cecilius* ne peut ſe rendre l'accuſateur de

Verrès,

Verrès, lui demande s'il lui siéroit de dire: *j'accuse celui*,

quicum quæstor fueram,

quicum me sors consuetudoque majorum,

quicum me deorum hominumque judicium conjunxerat.

Le Peuple Romain, dit-il, dans le même discours, a plusieurs gages de mon exactitude dans l'accusation de *Verrès*:

habet honorem quem petimus,

c'étoit l'Edilité:

habet spem quam propositam nobis habemus,

c'étoit le Consulat:

habet existimationem multo sudore, labore, vigiliisque collectam.

Lors-que dans ces sortes de pro-

progreſſions les idées s'élevent par degrez, de même que les membres de la période, il ſe forme une ſorte de concert également enchanteur pour l'oreille & pour l'eſprit.

Voici d'autres périodes qui ſont encore parfaites dans leur eſpece; elles ont des membres égaux, & un membre inégal, qui, s'il eſt le moindre ſe préſente d'abord. En voici un exemple.

Ciceron cite ainſi l'Afrique en témoignage de la valeur de *Pompée*:

teſtis eſt Africa,
quæ magnis oppreſſa hoſtium copiis,
eorum ipſorum ſanguine redundavit.

Si le membre inégal eſt le plus grand, il doit terminer la période, comme dans celle-ci de *Craſſus*, que *Ciceron* nous a conſervée, & qu'il aſſure avoir charmé l'oreille de tout le Peuple Romain :

eripite nos ex miſeriis,
eripite nos ex faucibus eorum,
quorum crudelitas noſtro ſanguine non poteſt expleri.

Si dans toutes ces périodes on renverſe l'ordre des termes, on ſentira bien-tôt que c'étoit la gradation qui en faiſoit l'harmonie.

C'eſt ainſi que les langues des Grecs & des Romains, indépendamment d'une harmonie particuliere, formée par le rap-

rapport des breves & des longues, en avoient encore une autre, que peuvent partager avec elles toutes les langues de l'Univers, & qui eſt attachée aux rapports de grandeur des différens membres d'une période.

On peut reconnoitre préſentement la vérité de ce que dit *Ciceron*, que la proſe nombreuſe a ſes meſures déterminées; & que ce qui la diſtingue de la poëſie, c'eſt le privilége d'alonger ſes membres de quelques ſyllabes, ou de les racourcir.

Mais peut-être y a-t-il quelques hommes qu'une ſorte de ſurdité rend inſenſibles à cette

 mu-

Musique, & qui pour s'en consoler entreprendront d'anéantir le sentiment que la Nature leur a refusé. Par quelle voie pourrons-nous les détromper? comment prouver à un aveugle l'agrément des couleurs? Tentons-le neanmoins, & essayons de démontrer qu'il y a une harmonie attachée, & à la symmétrie des membres d'une période, & à leur gradation.

On sait qu'une période est une proposition composée de phrases particulieres, qui n'ont un sens complet que par leur réünion, & qui pour être prononcées aisément & avec grace, demandent d'être détachées par

le

le repos de la voix. Or tout ce qui s'offre à nous eſt ſuſceptible d'agrément, dès que ſes parties ſont ſuſceptibles de proportions faciles à ſaiſir, ou d'un arrangement qui annonce un rapport marqué à leur deſtination. C'eſt dans ces deux ſources que puiſent ſans ceſſe tous les Arts qui ont pour objet la recherche des agrémens. Ces deux principes concourent également à l'harmonie des périodes. Il n'eſt aucune proportion facile à ſaiſir, dont leurs membres ne ſoient ſuſceptibles, puiſque détachés l'un de l'autre, par le repos de la voix, leur longueur eſt variable à no-

notre gré; ils ne ſont pas moins ſuſceptibles d'un rapport marqué à leur deſtination. L'objet du diſcours eſt de ſe graver dans la mémoire. Or ſi les membres d'une période ſont égaux, leur reſſemblance les y fixe & les y retient, comme liés l'un à l'autre. S'ils ſont inégaux, l'ordre le plus favorable ſera celui qui marquera les dernieres places aux membres les plus longs, comme aux plus difficiles à retenir. Il eſt donc évident, pour quiconque aura réfléchi ſur les loix du ſentiment, qu'une période flattera toûjours l'oreille par la ſymmétrie de ſes membres, ou par leur gradation.

Je

Je résumerai en une seule proposition toute cette theorie. On entend par harmonie du style, l'agrément attaché à l'ordre des parties d'une période. Or cet ordre sera toûjours agréable pour l'oreille lors-qu'il sera symmétrique, ou que sans faire tort à la clarté du sens, il marquera les dernieres places aux idées les plus importantes, aux expressions les plus sonores, aux mots & aux membres les plus longs.

Il y a une sorte de périodes nombreuses, qui s'affranchissent de cette loi génerale. Quoi-que le dernier membre y soit moins long que celui qui le précéde, il il y régne d'ailleurs des proportions ſi marquées, qu'elles ſuppléent au défaut de la gradation.

Mr. *De Fenelon* dit, en parlant de *Calypſo*,

dans ſa douleur,

elle ſe trouvoit malheureuſe,

d'être immortelle.

Le prémier & le dernier membre ſont égaux entr'eux, & tous deux pris enſemble, ſont égaux à celui qui les ſépare. La juſteſſe de ces accords a au moins le même agrément pour l'oreille qu'une ſymmétrie continuë, parce qu'elle joint l'avantage de la varieté, à celui de donner preſque une égale priſe à la mémoire : l'exception part du mê-

même principe que la régle.

Avant que de finir ce chapitre ſur l'harmonie, j'examinerai une idée de Mr. de la Motte; *Il y a quelques gens*, dit-il, *qui interdiſent aux Orateurs les meſures que les Poëtes ſe ſont appropriées: mais par quelle bizarrerie choqueroient-elles dans la proſe, & plairoient-elles dans la poëſie? L'oreille par le même ordre des ſons, peut-elle avoir deux ſenſations oppoſées? Auſſi ces meſures ne choquent-elles point réellement, & c'eſt le caprice qui les bannit de la proſe.*

Ce petit nombre d'hommes qui ont condamné ce que Mr. *de la Motte* juſtifie, ce ſont toutes les Nations qui ont cultivé rél'éloquence. Croirons-nous que le Caprice, en dépit de la Nature, fasse ainsi conspirer le genre-humain, à tirer du néant un sentiment desagréable? Au lieu de recuser le jugement de tant d'oreilles savantes, essayons plûtôt de découvrir la raison d'un fait certain.

Une suite de périodes exactement mesurées, blesse dans la prose & charme dans les vers. C'est que le Poëte est Orateur & Musicien tout à la fois. Il doit être toujours également attentif, & à flatter l'oreille & à toucher le cœur. Mais la prose n'annonce d'autre dessein dans l'Orateur, que de parler à l'esprit;

prit ; on reçoit volontiers de lui les fleurs qu'il a cueillies dans ſon chemin ; l'on dédaigne celles qui paroiſſent l'en avoir détourné.

Ce n'eſt pas ſeulement une ſuite de périodes trop meſurées, qui bleſſe dans la proſe ; un vers ſeul y fait une difformité. Ceux qui ont approfondi la theorie de la Muſique, ont cru que par les proportions qui réglent l'agrément des conſonances, la quarte devroit être plus agréable qu'elle ne l'eſt. Mais ils ont prétendu que le rapport qui forme la quarte, étoit de nature à rappeller l'idée de la quinte, qui rapprochée de celle de la quarte, en effaçoit l'agrément, & le faiſoit en quelque ſorte diſparoitre. N'en feroit-il pas à peu près de même d'un vers qui fait partie d'une période? n'y jetteroit-il pas un léger déſagrément, parce qu'il rappelleroit à l'eſprit l'idée d'une harmonie ſupérieure à celle de la la proſe? Toutes les parties d'un Tout, doivent par leurs beautez particulieres, former une ſorte de concert où l'une d'elle n'efface point l'autre. C'eſt une difformité dans un ſtyle ſimple, qu'un morceau fleuri, ou une piéce fort embellie dans un appartement peu orné; & il en eſt apparemment de même au jugement

ment de l'oreille, d'un vers qui fait partie d'une période.

Mais pourquoi des vers cités dans la profe, n'y font-ils qu'un effet agréable? N'y rappellent-ils pas de même l'idée d'une harmonie fupérieure à celle de la profe? C'eft que ce font des parties détachées, qui s'annoncent d'une nature différente, & qui ne promettent point pour la fuite une harmonie pareille à la leur. Quelqu'un qui habillé modeftement, étale une étoffe riche, ne préfente point aux yeux un contrafte choquant; il les bleffferoit fi un morceau de cette étoffe bigarroit fon habillement. Au refte, reſte, cette bigarrure eſt d'autant plus difforme, qu'elle raſſemble des objets plus diſproportionnés; & il faut convenir que l'harmonie de la verſification, n'eſt pas aſſez ſupérieure à celle des périodes, pour que des vers qui échappent dans la proſe, y faſſent des difformités conſidérables. Auſſi ce ſont des taches ſi legéres, qu'*Iſocrate*, *Ciceron*, & tous les meilleurs Ecrivains, n'ont jamais conſenti à les effacer par le ſacrifice d'une expreſſion heureuſe.

CHA-

CHAPITRE VIII.

De l'agrément attaché aux Biens honnêtes.

OUtre les objets qui ſont agréables par eux-mêmes, il y en a qui le ſont par ce qu'ils nous promettent, ou qu'ils nous procurent. Dans cette ſeconde claſſe de Biens, il n'en eſt point de plus importans que ceux qu'on appelle *honnêtes*, c'eſt-à-dire, ceux qu'accompagne une idée de perfection.

Les mêmes qualitez du corps, de l'eſprit & de l'ame, qui nous frappent par leur beauté, quand nous

nous les appercevons en autrui, forment notre perfection personnelle, quand elles nous appartiennent ; & tout ce qui nous en prouve la possession, est accompagné d'un sentiment agréable. Ce n'est que parce qu'on est sensible au plaisir de se croire parfait, que la flatterie est un poison, & la loüange un encouragement à la Vertu.

La grandeur & la varieté des objets, le sublime dans la pensée & dans les sentimens, doivent la plus grande partie de leurs charmes à la preuve qu'ils nous fournissent de la grandeur de l'esprit.

La représentation d'un objet nous

nous plait davantage dans une ſtatuë ou dans un tableau, que ſur le cryſtal d'une eau tranquille. Le pinceau inviſible qui deſſine ſur le cryſtal, ne flatte que nos yeux: mais l'art du Peintre & du Sculpteur, en animant de la toile ou du marbre, enorgueillit encore notre amour propre, par une réflexion bien capable de l'humilier. Que fait un homme dont un autre homme ne ſoit capable?

Outre la perfection naturelle qui conſiſte dans la poſſeſſion des qualitez qui contribuent à notre conſervation, il y a encore une perfection morale attachée aux qualitez qui ſemblent

blent nous promettre un bonheur ſolide.

Nous la compoſons à notre gré des différens matériaux que nous fourniſſent l'éducation, le tempérament, la societé, nos propres réflexions; & tel eſt le triſte privilege de l'homme: nous pouvons par la vertu de cette idée enchantereſſe, donner de l'éclat à ce qui nous dégrade, de l'agrément à ce qui nous rend malheureux; & même eriger en héroïſme, le ſacrifice de notre vie aux préjugez les plus ridicules.

Le peuple, (& qui eſt-ce qui n'eſt pas peuple?) ſe conſtruit une idole de Perfection, par un aſſem-

aſſemblage de biens, qui nous ſont entiérement étrangers; erreur groſſiére dont la Raiſon triomphe aiſément, & qui cependant ſubjugue preſque toujours l'homme le plus raiſonnable.

Confucius & *Zenon* ont établi la perfection dans un uſage de nos facultez convenable à la nature de notre être. Nous ſommes nés intelligens & ſociables; nous ſommes donc parfaits quand la vérité régne ſur nos jugemens, & l'équité ſur nos actions.

Pythagore, *Socrate*, & dans toutes les Religions les Théologiens, ont jugé que la perfection

tion de l'homme, de même que celle de tous les ouvrages des êtres intelligens, dépendoit du rapport de ses facultez aux intentions de son Auteur.

Enfin, suivant *Epicure*, l'homme n'est parfait qu'autant que sa façon de penser & d'agir, est de nature à le conduire par la voie la plus courte & la plus sûre, vers la fin qu'il se propose, c'est-à-dire sa félicité.

Ces trois différentes façons d'envisager la perfection morale, rentrent l'une dans l'autre, & doivent se réunir. Elle consiste dans la possession des habitudes de l'ame, qui nous mettent à portée de nous procurer un ſolide bonheur, en conformité des intentions de notre Auteur, gravées dans la nature de notre être.

L'ame eſt donc d'autant plus parfaite, qu'elle porte dans la nature de ſes gouts, moins de principes de regrets, de chagrin, d'inquietude; & qu'elle a plus de facilité à régler toutes ſes volontez par des jugemens clairs & certains, qui ayent pour objet, non la ſatisfaction paſſagére d'une faculté particuliere, mais le bonheur ſolide de la perſonne entiére, conſiderée dans toutes ſes parties & dans toute ſa durée.

Les mêmes qualitez qui, en nous,

nous, forment la perfection morale ; considerées en autrui, forment la beauté des mœurs : & puis-que dans les ouvrages de l'art, le juste rapport des moyens à une fin, suffit pour les embellir ; le juste rapport de toutes les actions d'un homme vertueux, à une fin qui soit assortie à ses talens & à son état, doit sans doute former un spectacle agréable.

Diotime, fameuse par le banquet de *Platon*, avoit donc grande raison d'engager *Socrate* à étendre, épurer, & perfectionner son goût pour le beau. C'est être vertueux que de rendre à la beauté des mœurs, l'hommage

ge

ge d'amour & de respect qui lui est dû. Mais malheureusement pour le genre-humain, l'opinion qui a tant d'empire sur la beauté du corps, en a bien davantage sur la beauté des mœurs. Notre idée de perfection est entiérement assujettie aux principes de Religion & de Morale que nous avons reçûs, ou que nous nous sommes formés. Ce sont des verres trompeurs qui quelquefois ternissent la grandeur d'ame & donnent de l'éclat au fanatisme.

C'est d'une idée de perfection que l'amitié emprunte ses charmes. *Epicure* & d'autres Philosophes, ont crû qu'elle avoit sa sour-

ſource dans l'impuiſſance où nous ſommes de nous procurer, ſans l'entremiſe d'autrui, les biens néceſſaires à la vie. Mais s'il y a une liaiſon qui eſt un commerce d'intérêts, il en eſt un autre dont l'objet eſt plus noble. On y enviſage moins des ſecours étrangers, que des preuves de perfection. Les bienfaits de *Claude*, diſoit *Paſſienus*, me ſont plus précieux que ſon amitié; mais l'amitié d'*Auguſte* m'étoit bien plus précieuſe que ſes bienfaits. *

Le charme de la grandeur n'eſt pas, comme paroit l'avoir crû Mr. *Paſcal*, d'empêcher les grands

* Senec. L. 10. *de Benef.*

Grands de penſer à eux. C'eſt plûtôt que tout ce qui les environne, travaille continuellement à embellir l'idée qu'ils ont de leurs perſonnes.

La plûpart des vices ne parviennent à nous dégrader, que parce qu'ils nous flattent. Nous nous bornons à recevoir d'une perfection apparente cette ſatisfaction intérieure, qui devroit être le fruit privilegié d'une perfection réelle. Frivoles que nous ſommes, un fantôme ſuffit pour faire ſur nous l'impreſſion la plus vive; tout ce qui peut ſe couvrir d'une apparence de force, d'habileté ou de bonté, peut ſe montrer à nous avec des charmes enchanteurs.

C'est cette perfection chimérique qui donne du prix à la vengeance. *Aristote* a justifié par plusieurs faits, que lorsqu'on est également animé contre plusieurs de ses ennemis, une vengeance éclatante prise de l'un d'eux, affoiblit le ressentiment contre les autres. On a signalé sa puissance, & l'on est moins ardent à en rechercher une seconde preuve.

Mais l'orgueil pour nous flater, n'a pas besoin d'étaler à nos yeux un spectacle brillant de nos perfections. Tout ce qui abaisse les autres hommes, nous éleve, par la comparaison que nous faisons de leur état avec le le notre. Leurs fautes ou leurs disgraces deviennent pour nous des objets de plaisanterie, à moins qu'elles ne soient des objets de compassion. La Naturé nous attendrit sur les maux d'autrui, lors-qu'ils nous paroissent considérables. Mais sont ils légers? Nous aimons à jouïr de cette sorte de supériorité que nous donne l'avantage de nous en croire exemts.

Ce seroit sans doute bannir l'enjouement de la Societé, que de proscrire cette raillerie innocente, qui saisit le ridicule avec plus de gayeté que de malice. Mais malheur à ceux qui aiment à s'appesantir sur les défauts d'autrui. Ce penchant malin décéle une imperfection réelle. Eſt-ce être grand, que de l'être par la petiteſſe des autres?

Il en eſt de notre perfection comme de tout ce qui eſt ſuſceptible de preuve. Elle ſe prouve à nous, non-ſeulement par la voix du ſentiment, mais encore par celle de l'autorité.

Il y a peu d'hommes qui ayent ou aſſez de vertu, ou aſſez de vanité, pour ſe contenter d'une approbation intérieure. A peine oſe-t-on s'eſtimer quand un ſuffrage étranger ne ſe joint pas à celui de l'amour propre.

Non-ſeulement l'eſtime d'autrui

trui nous flatte, par l'idée favorable qu'elle nous donne de nos qualitez perſonnelles; elle nous perſuade encore que les autres hommes enviſagent notre félicité, comme faiſant partie de la leur. Nous ſommes dans une ſi grande dépendance les uns des autres, qu'il n'eſt aucun homme qui ne puiſſe troubler notre bonheur, & qu'il en eſt toujours pluſieurs à portée de le procurer ou de l'augmenter. Quoi de plus heureux dans cet état de foibleſſe, que l'eſtime publique, qui nous montre dans tout ce qui nous environne, une inclination générale à favoriſer nos deſirs? objet ſi flatteur que bien des hommes préféreroient un fantôme de réputation à un mérite réel.

Mais ſi l'eſtime des autres hommes n'a d'attrait pour nous, que parce qu'elle nous paroit un gage de notre félicité, comment peut-on la rechercher par le ſacrifice de ſa propre vie? L'Hiſtoire a immortaliſé des Grecs, des Romains, des Chinois, qui ſe ſont dévoüez à une mort certaine, ſans avoir eu d'autre perſpective, que d'échanger leur vie contre les loüanges de la poſtérité. Par quel prodige des hommes qui ne paroiſſent avoir connu d'autre vie que la préſente, ont-ils pû conſenſentir à ceſſer d'être, pour être heureux ?

Cicéron a crû que le principe de cet héroïſme étoit toujours une eſpérance ſecrette de jouïr de ſa réputation, dans le ſein même du tombeau. Mais il y a quelque choſe de plus; il ne ſeroit pas impoſſible que ces hommes célebres ayent été plus heureux par leur mort, qu'ils ne l'euſſent été par leur vie. Admirez de leurs amis & de leurs compatriotes, perſuadez qu'ils le feroient de leurs ennemis mêmes, de leur poſtérité, de tout le genre-humain; cette épaiſſe nuée de tant d'admirateurs a pû, pour des imaginanations vives, former un ſpectacle, dont le charme, quoi-que de peu de durée, fut, pour ainſi dire, d'un plus grand poids, qu'une ſuite de ſentimens agréables, délayez dans le cours d'une longue vie.

CHAPITRE IX.

Des modifications du cerveau, qui précédent ou accompagnent les ſentimens agréables.

JE n'ai juſqu'ici recherché la ſource du plaiſir que dans l'Ame, ou dans les organes du ſentiment. A leurs différentes modifications, il en répond toujours

jours dans le cerveau de paralléles & de proportionnées, dont les veſtiges ſe conſervent par la Mémoire. Nous ſeroit-il poſſible d'en percer le myſtère ? C'eſt ici principalement où la Nature s'eſt couverte d'un voile, que jamais les mortels ne pourront lever. Mais ſi nous ne devons pas nous livrer à l'eſpérance de voir, ne renonçons pas du moins au plaiſir de deviner. Qu'au défaut de l'expériencc, l'analogie nous prête ſon flambeau. Nous pouvons juger de l'impreſſion qui ſe fait ſur le cerveau, par celle qui ſe fait ſur les organes des ſens, qui en ſont comme des extenſions & des bran-

branches. Nous sommes donc autorisez à croire, qu'un objet qui est agréable, met en mouvement des fibres du cerveau, sans les affoiblir ou les épuiser; que ce qui est douloureux, les blesse; & que ce qui est ennuyeux, les laisse dans l'inaction.

Ne soyons point surpris que la grandeur & la varieté ayent tant d'attraits: elles impriment dans le cerveau un mouvement doux à un grand nombre de fibres.

La nouveauté suffit pour donner de l'agrément à ce qui n'en a point; parce qu'elle agit fortement sur une fibre du cerveau qui n'a point encore de pli. On peut

peut mesurer la force de ce qui est nouveau, par l'impuissance des remédes les plus souverains & des poisons les plus pernicieux, dès qu'on y est accoûtumé.

Ce n'est pas seulement le degré du mouvement dans les fibres du cerveau, qui y fait éclorre le plaisir; c'est principalement le rapport qu'ont entr'eux les différens mouvemens qui y sont imprimez. Nous devons cette observation importante à la theorie de la Musique; les accords sont d'autant plus agréables, que les vibrations qui les forment se réünissent plus souvent. Or la même analogie qui nous montre dans le cerveau une ſorte d'écho, qui nous flatte par la répétition de l'ébranlement des corps ſonores, nous montre de pareils échos dans les autres ſenſations. Il n'eſt donc point d'objet qui ne faſſe ſur nous une impreſſion agréable, dès que ſes parties excitent en différentes fibres du cerveau des vibrations qui ſont liées entr'elles, qui s'accordent & s'entretiennent mutuellement. La ſymmétrie, la rime, les proportions, l'imitation, le rapport des moyens à une fin & à un objet principal ; tous ces différens rapports ſont autant de ſources d'agrémens, parce que ce ce ſont comme des conſonances formées par des mouvemens, liés, qui ſe prêtent un mutuel ſecours.

Mais pourquoi les qualitez qui forment la beauté du corps, de l'eſprit, & de l'ame, nous frappent-elles ſi agréablement, lors même que nous n'appercevons pas les rapports ſecrets d'utilité, qui en font le mérite réel ? Ces agrémens ont leur ſource dans l'attention qu'a eu la Nature de former les hommes de façon, que malgré l'amour-propre qui les diviſe, ils ſont tous membres d'un même corps. Chacun d'eux a ſon mouvement ſeparé, dont l'intéret per-

personnel eſt le centre; & tous ces mouvemens particuliers & paſſagers, font partie du mouvement univerſel & immenſe, qui a pour centre le bien général.

Le principal moyen dont s'eſt ſervi la Nature, pour établir & conſerver la ſocieté du genre-humain, a été de rendre communs entre les hommes leurs biens & leurs maux, toutes les fois que leur intéret particulier n'y met point obſtacle. Une perſonne délicate ne peut appercevoir en autrui un membre déchiré, ſans reſſentir dans la même partie du corps le contre-coup de la bleſſure; & ſi

dans

dans un homme robuste cette impression est moins sensible, elle n'en est pas moins réelle.

Les sentimens affligeans ne sont pas les seuls qui soient contagieux; il suffit d'avoir de la gayété dans l'esprit, pour la communiquer à ceux qui nous approchent.

Il paroit donc que ces précieuses qualitez qui forment la beauté du corps, de l'esprit & de l'ame, font sur le Spectateur une impression agréable, parce qu'elles font naître dans son cerveau un mouvement qui tend à les lui communiquer, & qui y réussiroit si les dispositions particulieres n'y mettoient pas obstacle.

On

On a dit de la Geométrie, qu'elle avoit préſidé à la conſtruction des Cieux; on peut dire de l'harmonie, qu'elle a préſidé à la conſtruction de nos cerveaux. L'impreſſion preſque miraculeuſe qu'y fait la Muſique dans certaines maladies, nous autoriſe à croire que ce ſont des inſtrumens à cordes; une multitude de filets nerveux, différemment tendus, les rend ſuſceptibles d'une infinité de vibrations différentes; ils ſe communiquent leurs mouvemens par l'entremiſe des yeux & des oreilles, & ils s'en communiquent d'autant plus, qu'il ſe trouve entr'eux plus de cordes

à

à l'unisson, ou que les cordes des uns ont plus de force pour ébranler celles des autres.

Ne voit-on pas que les Péres, les Princes, ceux qui ont une grande réputation, ou une imagination vigoureuse, exercent sur nos sentimens un empire presque absolu? Rien n'égale la facilité qu'ont ceux qui s'aiment, de se pénétrer des mêmes idées. Il y a des ames, qui du prémier coup d'œil, s'attirent l'une l'autre plus fortement que l'aiman n'attire le fer. Ceux qui rient ou pleurent sur le théatre, font passer jusqu'à nous le sentiment qu'ils expriment.

Mais par quelle méchanique les

les vibrations des fibres d'un cerveau peuvent-elles passer dans un cerveau étranger? La theorie des sons jette encore quelque jour sur ce mystere. Le son parvient jusqu'à nous, parce qu'il y a des fibres du corps sonore, des parcelles de l'air, des fibres de l'oreille, & enfin des fibres du cerveau, qui forment comme une chaine continuë de cordes à l'unisson.

Mr. *de Mairan*, pour expliquer cette transmission, a conjecturé que l'air étoit composé d'une infinité de parcelles, dont chacune avoit son élasticité particuliere. On peut appliquer à la lumiere cette idée ingénieuse, ſe, & dans le rayon viſuel qui paroit aux yeux une ligne indiviſible, le microſcope de l'eſprit y apperçoit aiſément une multitude ſans nombre de parties différentes. Ainſi, quand l'état de notre ame ſe marque à des yeux étrangers par les mouvemens du corps, par les couleurs du viſage, par la diſpoſition de l'œil ; il y a tout lieu de croire qu'il ſe forme, depuis notre cerveau juſqu'à celui du ſpectateur, une chaîne de cordes à l'uniſſon, qui portent à l'un les vibrations des fibres de l'autre.

Il faudroit préſentement pour achever cette eſquiſſe de la theorie

rie des ſentimens, indiquer dans le cerveau la portion principale, ſiége du plaiſir & de la douleur, qui reçoit l'empreinte des objets voiſins, & qui agit en conſéquence ſur nos organes. Ce doit être une partie ſolide, puis-qu'il s'y grave des caractères que le cours de pluſieurs années n'efface point. Cette membrane nerveuſe doit embraſſer & toucher les extrêmitez de chaque nerf du ſentiment, pour en recevoir toutes les différentes impreſſions; elle doit dominer ſur l'origine de chaque nerf du mouvement, pour pouvoir lui imprimer des mouvemens aſſortis aux vibra-

tions

tions qu'elle reſſent. Ces différens caractères ſe raſſemblent tous dans la *pie-mére*, qui enveloppe toute la maſſe du cerveau, y eſt fort adhérente, & produit par quantité de replis & de duplicatures particulieres un grand nombre de cloiſons multipliées & ondoyantes, qui s'inſinuent dans toutes les circonvolutions, & pénétrent l'intérieur de toutes les différentes couches du cerveau & du cervelet.

S'il étoit vrai cependant qu'il fut quelquefois arrivé, que le retranchement d'une portion conſidérable de la *pie-mére* n'eût donné aucune atteinte aux facultez

cultez du ſentiment; il y a lieu de croire que ce ne ſeroit point cette membrane nerveuſe qui en ſeroit le ſiége. Quoi-qu'il en ſoit, il n'y a guére que le hazard de quelques accidens malheureux, qui puiſſe ſur cette matiere éclaircir tous nos doutes.

CHAPITRE X.

Les loix du ſentiment annoncent une ſouveraine Intelligence.

DEs qu'on commença à étudier l'Anatomie, on s'apperçût que la groſſeur de chaque muſcle étoit proportionnée à la groſſeur de l'os auquel il s'ats'attachoit. Quelques Anatomistes frappez de ce rapport, objectérent aux Epicuriens, que si c'eut été une Puissance aveugle qui eut bâti l'édifice mobile du corps des animaux, elle n'y eut pas si parfaitement assorti à la pesanteur de chaque os la force du cordon destiné à le soutenir, ou à le mouvoir. Les Epicuriens repliquérent que ces cordons n'avoient point été différenciez par la Nature; mais que ceux qui faisoient le plus de mouvemens devenoient plus charnus, de même que les hommes qui font le plus d'exercice deviennent les plus robustes. C'est là, sans doute, l'unique retranchement de l'Atheïſme: Mais *Galien* * le foudroya aiſément; il démontra dans les enfans tirés du ſein de leurs méres, ces mêmes proportions auſſi marquées que dans les Athlétes les plus vigoureux.

Les différentes eſpéces de ſentimens agréables nous fourniſſent une pareille preuve de l'exiſtence de Dieu. Elles ſont différenciées par des caractères naturels, dont il ſeroit abſurde de faire honneur à une cauſe aveugle.

Pourquoi dans les productions de l'art, la convenance des moyens avec leur fin, ne plait-

* *Galen.* de uſu partium.

plait-elle que quand on en eſt inſtruit ? & pourquoi s'annonce-t-elle dans la figure des hommes, des animaux, & des plantes, par un charme ſecret qui devance toutes nos réflexions ? Croirons-nous que la Nature ignore ce qu'elle-même nous révéle ? & refuſerons-nous de l'intelligence à l'Architecte de l'Univers, qui par les agrémens, comme par autant de caractères qu'a gravez ſa main bienfaiſante, nous inſtruit du rapport qu'ont les différentes parties de ſes ouvrages à leur deſtination ?

Ces caractères ſont plus ou moins marquez, ſuivant l'importance de ce qu'ils nous annoncent. De tous les objets qui s'offrent aux sens, il n'en est point qui nous frappe plus agréablement qu'un beau visage; mais les traits les plus réguliers sont moins touchans que les graces de l'esprit, qui sont effacées à leur tour par les sentimens & par les actions qui annoncent de l'élévation dans l'ame & dans le courage.

La beauté du corps a l'avantage d'être toujours présente à nos yeux. Celle de l'esprit & de l'ame ne se montre que par reprise. Mais toutes les fois que ces différens objets s'offrent à nous, leur agrément naturel se gra-

graduë toujours dans l'ordre que je viens d'exposer; & c'est ainsi que la Nature nous apprend ce que l'expérience confirme, que la beauté de l'esprit donne plus de droit à la félicité que celle du corps, & qu'elle en donne moins que celle de l'ame. Au reste, il est uniquement question ici de l'impression que font sur nous ces différens objets, quand ils s'offrent à nos yeux comme des tableaux, & que la passion ne trouble point notre vûë.

La même Sagesse qui a différencié la beauté du corps, de l'esprit & de l'ame, a différencié aussi leurs mouvemens; ceux de de l'esprit plus agréables que ceux du corps, le sont moins que ceux de l'ame.

Voici une autre différence entre les plaisirs, qui annonce encore bien hautement une Puissance intelligente. La vapeur des parfums, les spectacles de l'architecture, de la peinture, & de la déclamation, les charmes de la Musique, de la Poësie, de la Geometrie, de l'Histoire, d'une Societé choisie; tous ces biens sont naturellement tels que leur jouïssance est plaisir, & que leur privation n'est point douleur. Ce ne sont point des secours qui soulagent notre indigence; ce sont des

des graces qui nous enrichiſſent & augmentent notre bonheur. Combien de gens qui les connoiſſent peu, & qui jouïſſent pourtant d'une vie douce! Ceux même qui y ſont le plus ſenſibles, peuvent les perdre, s'ils ſavent les remplacer. Il n'en eſt pas ainſi de quelques autres ſortes de ſentimens agréables. La loi, par exemple, qui nous invite à nous nourrir, ne ſe borne point à récompenſer notre docilité; elle punit notre deſobéiſſance. La Nature ne s'eſt pas repoſé ſur le plaiſir ſeul, du ſoin de nous convier à notre conſervation; elle nous y porte par un reſſort encore plus puiſ-

puiſſant, par la douleur.

Une parfaite unité de deſſein ne ſe montre pas moins dans la durée des ſentimens que dans leur force. Ceux de la vûë, de l'ouïe, de l'eſprit, du cœur, ceux qui accompagnent une occupation moderée ſemblent toûjours s'offrir à nous : ils rempliſſent le vuide de la vie, ſans donner atteinte à la ſanté. Il n'eſt eſt pas de même, par exemple, du plaiſir attaché à la nourriture. Si ſa durée ſe fut étenduë au-delà du beſoin, un uſage immoderé des alimens les plus ſains, les auroit bien-tôt changez en de mortels poiſons.

De tous les plaiſirs, il n'en eſt

eſt guére d'auſſi remarquables que ceux qui commencent notre vie, & qui en aſſurent la durée. Comment réüſſira-t-on à nourrir cet enfant nouvellement né? En vain la Nature lui a-t-elle préparé dans le ſein de ſa mére, l'aliment qui lui convient: par quelle voye l'engagera-t-on à exprimer cette précieuſe liqueur? Reconnoiſſons ici les attentions d'une Puiſſance intelligente. Cet enfant, incapable encore de tout autre exercice de ſes différentes facultez, trouve un plaiſir ſecret à remuer ſes lévres & ſes joües, de la façon qui peut faire paſſer dans ſa bouche le lait qui lui eſt offert. Flatté par l'agrément de cette nourriture, il y trouve un nouveau motif de réiterer les mêmes mouvemens. Il paſſe ainſi les prémiers tems de ſa vie, ou à dormir, ou à goûter les ſeuls plaiſirs qu'il puiſſe reſſentir; & cet être informe, qui ſembloit ne pouvoir vivre que pour la douleur, ne vit en effet que pour une ſuite de ſenſations agréables.

L'Auteur de nos biens l'eſt auſſi de nos maux; & ſur ce fondement quelques Philoſophes, comme pour s'en venger, l'ont dégradé du titre d'intelligent, & relégué parmi les Cauſes aveugles. Mr. *Bayle* s'eſt ſignalé

gnalé parmi eux. Voici le précis de sa doctrine :

»Si c'étoit Dieu qui eut établi »les loix du sentiment, ce n'auroit certainement été que pour »combler toutes ses créatures de »tout le bonheur dont elles sont »susceptibles; il auroit donc entiérement banni de l'univers »tous les sentimens douloureux, »& sur-tout ceux qui nous sont »inutiles. A quoi servent les »douleurs d'un homme dont les »maux sont incurables, ou les »douleurs d'une femme qui ac-»couche dans les deserts?

Telle est la fameuse objection que Mr. *Bayle* a étenduë & répétée dans ses écrits en cent façons différentes ; & quoi qu'elle fut presque aussi ancienne que la douleur l'est dans le monde, il a sçû l'armer de tant de comparaisons éblouissantes, que les Philosophes & les Theologiens en ont été effrayez comme d'un monstre nouveau. Les uns ont appellé la Métaphysique à leur secours ; d'autres se sont sauvés dans l'immensité des Cieux, & pour nous consoler de nos maux, nous ont montré une infinité de Mondes peuplez d'habitans heureux. Je n'aurai recours ici à aucune supposition ; je me bornerai à tirer de l'objection même, une preuve du dogme qu'on attaque, sans employer ce-

cependant d'autres réfléxions que celles qui s'offrent à l'attention la plus légére.

La plûpart des Philoſophes, au lieu de former leurs idées ſur les êtres, ont façonné les êtres ſur leurs idées. Du fond de leur cabinet, ils ont pénétré les recoins les plus cachez de la Nature ; & ſemblables en quelque ſorte au Héros de *Cervantes*, les yeux bandez & aſſis ſur un cheval de bois, ils ont parcouru tout l'Univers, déterminé la nature de tous les êtres, & marqué à chacun d'eux leurs fonctions.

Mr. *Bayle* a ſuivi cette maniere de philoſopher. Il abuſe

de quelques expreſſions theologiques, pour ne reconnoitre en Dieu d'autre fonction que celle de rendre toutes ſes créatures parfaitement heureuſes; & après s'être taillé une idole, que la Nature & la Religion déſavouent, il n'a pas de peine à détruire l'ouvrage de ſes mains. La Theologie naturelle eſt une branche de la Phyſique. Si nous voulons nous y garantir de l'illuſion, faiſons-y uſage de la méthode qu'on employe avec ſuccès dans les ſciences du même ordre: interrogeons la Nature par nos obſervations, & ſur ſes réponſes fixons nos idées.

On peut former ſur l'Auteur des

des loix du ſentiment, deux queſtions totalement différentes; eſt-il intelligent? eſt-il bien-faiſant? Confondre dans un ſeul examen ces deux objets, ou nier qu'un Etre fut intelligent, parce qu'il ne ſeroit pas bien-faiſant au gré de nos deſirs. Ce ſeroit violer les prémieres loix de l'art de penſer. Séparons donc ces deux queſtions, & commençons par l'éclairciſſement de la prémiere.

L'expérience nous apprend qu'il y a des Cauſes aveugles, & qu'il en eſt d'intelligentes. On les diſcerne par la nature de leurs productions; & l'unité de deſſein eſt comme le ſceau

qu'une

qu'une Cauſe intelligente appoſe à ſon ouvrage. Or dans les loix du ſentiment brille une parfaite unité de deſſein. La douleur & le plaiſir ſe rapportent également à notre conſervation. Si le plaiſir nous indique ce qui nous convient, la douleur nous inſtruit de ce qui nous eſt nuiſible. C'eſt une impreſſion agréable, qui caractériſe les alimens qui ſont de nature à ſe changer en notre propre ſubſtance; mais c'eſt la faim & la ſoif qui nous avertiſſent que la tranſpiration & le mouvement nous ont enlevé une partie de nous mêmes, & qu'il feroit dangereux de différer plus long-

tems

tems à réparer cette perte.

Des nerfs répandus dans toute l'étenduë du corps, nous informent des dérangemens qui y surviennent; & le sentiment douloureux est proportionné à la force qui les déchire, afin qu'à proportion que le mal est plus grand, on se hâte davantage d'en repousser la cause, ou d'en chercher le reméde.

Il arrive quelquefois que la douleur semble nous avertir de nos maux en pure perte; rien de ce qui est autour de nous ne peut alors les soulager. C'est qu'il en est des loix du sentiment, comme de celles du mouvement. Les loix du mouvement

ment réglent la succeſſion des changemens qui arrivent dans les corps, & portent quelquefois la pluye ſur des rochers ou ſur des terres ſtériles. Les loix du ſentiment réglent de même la ſucceſſion des changemens qui arrivent dans les êtres animés; & des douleurs qui nous paroiſſent inutiles en ſont quelquefois une ſuite néceſſaire, par les circonſtances de notre ſituation. Mais l'inutilité apparente de ces différentes loix dans quelques cas particuliers, eſt un bien moindre inconvénient, que n'eut été leur mutabilité continuelle, qui n'eut laiſſé ſubſiſter aucun principe fixe,

capa-

capable de diriger les démarches des hommes & des animaux.

Celles du mouvement ſont d'ailleurs ſi parfaitement aſſorties à la ſtructure des corps, que dans toute l'étenduë des lieux & des tems, elles préſervent d'altération les élemens, la lumiére, le ſoleil; & fourniſſent aux animaux & aux plantes ce qui leur eſt néceſſaire ou utile. Celles du ſentiment ſont de même ſi parfaitement aſſorties à l'organiſation de tous les animaux, que dans toute l'étenduë des lieux & des tems, elles leur indiquent ce qui leur eſt convenable, & les invite à en en faire la recherche ; elles les inſtruiſent de ce qui leur eſt contraire, & les forcent de s'en éloigner ou de les repouſſer.

Quelle profondeur d'intelligence dans l'Auteur de la Nature, qui par des reſſorts ſi uniformes, ſi ſimples & ſi féconds, varie à chaque inſtant la ſcene de l'Univers ; & la conſerve toujours la même !

CHAPITRE XI.

Les loix du ſentiment annoncent une Intelligence bien-faiſante.

NOn-ſeulement les loix du ſentiment ſe joignent à tout l'Univers, pour dépoſer en faveur

faveur d'une Cauſe intelligente: Je dis plus; elles annoncent un Légiſlateur bien-faiſant.

Si pour ranimer ma main engourdie par le froid, je l'approche trop près du feu, une douleur vive la repouſſe; & tous les jours je dois à de pareils avertiſſemens la conſervation, tantôt d'une partie de moi-même, tantôt d'une autre.

Mais ſi je n'approche du feu qu'à une diſtance convenable, je ſens alors une chaleur douce; & c'eſt ainſi qu'auſſi-tôt que les impreſſions des objets, ou les mouvemens du corps, de l'eſprit, ou du cœur, ſont tant ſoit peu de nature à favo-

riſer

riser la durée de notre être ou sa perfection; notre Auteur y a libéralement attaché du plaisir. J'appelle ici à témoin de cette profusion de sentimens agréables, la Peinture, la Sculpture, l'Architecture, tous les objets de la vûë; la Musique, la Danse, la Poësie, l'Eloquence, l'Histoire, la Geométrie, toutes les Sciences, toutes les occupations; l'amitié, la tendresse; enfin tous les mouvemens du corps, de l'esprit & du cœur.

Mr. *Bayle* & quelques autres Philosophes, attendris sur les maux du genre-humain, ne l'en croyent pas suffisamment dédommagé par tous ces biens; &

& ils nous font presque regretter que ce ne soit pas eux qui ayent été chargés de dicter les loix du sentiment. Supposons pour un moment, que la Nature se soit reposé sur eux de ce soin, & essayons de deviner quel eût été le plan de leur administration. Ils auroient apparemment commencé par fermer l'entrée de l'Univers à tous les sentimens douloureux ; nous n'eussions vêcu que pour le plaisir. Mais notre vie auroit eu alors le sort de ces fleurs qu'un même jour voit naitre & mourir. La faim, la soif, le dégout, le froid, le chaud, la lassitude, aucune douleur ne nous auroit plus

plus averti des maux présens ou à venir; aucun frein ne nous auroit moderé dans l'usage des plaisirs; & la douleur n'eut été anéantie dans l'Univers que pour faire place à la Mort, qui pour détruire toutes les espéces d'animaux, se fut également armé contr'eux de leurs maux & de leurs biens.

Les Législateurs dont nous venons de parler, pour prévenir cette destruction universelle, auroient apparemment rappellé les sentimens douloureux; & se seroient contenté d'en affoiblir l'impression: ce n'eut été que des douleurs sourdes, qui nous eussent avertis, au lieu de nous affliger.

Mais

Mais tous les inconveniens du prémier plan ſe ſeroient retrouvés dans le ſecond. Ces avertiſſemens reſpectueux auroient été une voix trop foible pour être entenduë dans l'uſage des plaiſirs. Combien d'hommes ont peine à y entendre les menaces des douleurs les plus vives ? Nous euſſions encore bien-tôt trouvé la mort dans l'uſage même des biens deſtinés à aſſurer notre durée.

Pour nous dédommager de la douleur, on auroit peut-être ajouté une nouvelle vivacité aux plaiſirs des ſens. Mais ceux de l'eſprit & du cœur, fuſſent alors devenus inſipides ; & ce ſont pour-

pourtant ceux qui sont le plus de nature à remplir le vuide de la vie : l'yvresse de quelques momens eut alors empoisonné tout le reste du tems par l'ennui.

Eut-ce été par l'augmentation des plaisirs de l'ame qu'on nous eut consolé de nos douleurs ? ils eussent fait oublier le soin du corps.

Enfin auroit-on redoublé dans une même proportion tous les plaisirs, ceux des sens, de l'esprit, & du cœur ? Mais il eut fallu ajouter aussi dans la même proportion une nouvelle vivacité aux sentimens douloureux. Il ne seroit pas moins pernicieux pour le genre-humain

main d'acroitre le ſentiment du plaiſir ſans acroitre celui de la douleur, qu'il le ſeroit d'affoiblir le ſentiment de la douleur ſans affoiblir celui du plaiſir. Ces deux différentes réformes produiroient le même effet, en affoibliſſant le frein qui nous empêche de nous livrer à de mortels excès.

Les mêmes Légiſlateurs euſſent ſans doute caractériſé par l'agrément tous les biens néceſſaires à notre conſervation; mais euſſions-nous pû eſpérer d'eux qu'ils euſſent été auſſi ingénieux que l'eſt la Nature à ouvrir en faveur de la vûë, de l'ouïe, & de l'eſprit, des ſources tou-

 jours

jours fécondes de ſentimens agréables, dans la varieté des objets, dans leur ſymmétrie, leurs proportions, & leur reſſemblance avec des objets connus. Auroient-ils ſongé à marquer par une impreſſion de plaiſir, ces rapports ſecrets qui font les charmes de la Muſique, les graces du corps & de l'eſprit, le ſpectacle enchanteur de la beauté dans les plantes, dans les animaux, dans l'homme, dans les penſées, dans les ſentimens?

Ne regrettons donc point la réforme qu'*Epicure* & Mr. *Bayle* auroient voulu introduire dans les loix du ſentiment. Reconnoiſnoiſſons plûtôt que la bonté de Dieu eſt telle, qu'il ſemble avoir prodigué toutes les ſortes de plaiſirs & d'agrémens, qui ont pû être marqués du ſceau de ſa Sageſſe.

Je ne m'arrêterai point ici à combattre les deux principes des *Manichéens*, dont l'un diſtribuoit le plaiſir, & l'autre la douleur. Mr. *Bayle* a paru vouloir relever ce ſyſtême écroulé depuis tant de ſiécles; mais il ne ſe ſervoit apparemment de ces ruines, que comme on ſe ſert à la guerre d'une mazure dont on eſſaye de ſe couvrir pour quelques momens. Il n'étoit point aſſez ſuperſtitieux, pour être tenté de croire en deux Divinitez. Quoi-qu'il en ſoit, je me contenterai d'obſerver ici, que puiſque la diſtribution du plaiſir, & celle de la douleur, entrent également dans la même unité de deſſein, elles n'annoncent point deux Intelligences eſſentiellement ennemies.

CHAPITRE XII.

Du plaiſir attaché à l'accompliſſement de nos devoirs envers Dieu.

NOus nous dégradons par l'admiration de ce qui nous eſt ou inférieur, ou égal. Mais quand aprés avoir obſervé vé les démarches d'une Intelligence ſouveraine, on voit un art infini s'offrir à nous de toutes parts; l'étenduë de l'admiration devient alors la meſure de la grandeur de l'ame; & c'eſt ici où un ſentiment, que l'ignorance enfante d'ordinaire, a le privilége de naître du ſein même de la ſcience.

Si Dieu mérite notre admiration à titre d'Intelligence infinie, il ne mérite pas moins notre reconnoiſſance & notre confiance, à titre d'Intelligence bienfaiſante.

Epicure, en combattant le dogme de l'exiſtence de Dieu, ſe félicitoit d'anéantir une Puiſſance ennemie de notre bonheur. Mais pourquoi nous former cette idée ſuperſtitieuſe d'un Etre, qui en nous donnant des goûts, nous offre de toutes parts des ſentimens agréables; qui en nous compoſant de diverſes facultez, a voulu qu'il n'y en eut aucune dont l'exercice ne fut un plaiſir? Les biens qui s'offrent à nous, ſeront-ils donc empoiſonnez, par l'idée que ce ſont des préſens d'une Intelligence ſouveraine? & n'en doivent-ils pas plûtôt recevoir un nouveau prix, puiſque ce ſont des gages de ſa bonté?

Enfin la puiſſance de Dieu, ſa ſageſſe & ſa bonté, ſont autant

tant de titres qui exigent de nous une parfaite ſoumiſſion dans les maux dont il nous afflige, dans les biens dont il nous prive, dans les loix qu'il nous impoſe.

Nous révolterons-nous contre une puiſſance infinie? n'ajoûtons point à nos maux celui de nous faire traîner malgré nous par une main toute-puiſſante.

Placez dans l'Univers comme dans le jardin d'Eden, ſi l'uſage d'un fruit nous eſt interdit, n'en acceptons pas avec moins de reconnoiſſance ceux qui ſe préſentent à nous de toute part. Jouïſſons de ce qui nous eſt offert, ſans nous trouver malheureux par ce qui nous eſt refuſé. Le deſir ſe nourrit d'eſpérance, & s'éteint par l'impoſſibilité d'atteindre à ſon objet. Qui eſt-ce en Europe, qui ſe trouve à plaindre de n'être pas aſſis ſur le trône du Mogol ? N'ayons donc ni deſir, ni inquietude, ni chagrin, ſur ce qui n'entre point dans la chaîne des biens qui nous ſont deſtinez ; & regardons-en l'acquiſition comme auſſi impoſſible que celle de l'Aſie. En nous ſoumettant ainſi volontairement à une Puiſſance à laquelle nous ſommes néceſſairement aſſujettis, nous avons la ſatisfaction de ſavoir qu'admis à ſes Conſeils, nous applaudirions

rions aux motifs de ses loix & aux raisons de sa conduite.

Tels sont les hommages envers Dieu, qu'une loi éternelle exige de toutes les Intelligences. Or le plaisir les accompagne, puis-qu'il accompagne tout mouvement de l'ame, que la haine & la crainte n'empoisonnent point.

CHAPITRE XIII.

Du plaisir attaché à l'accomplissement de nos devoirs envers nous-mêmes.

NOs devoirs envers nous-mêmes se réduisent à savoir apprécier les biens qui s'offrent à nous, & à ſoutenir nos maux avec courage.

Il y a eu une ſecte de Philoſophes qui ſembloient vouloir anéantir tous les biens agréables. Leurs Ecoles ne retentiſſoient que de l'auſtére leçon, *abſtenez-vous des plaiſirs.* Mais quoi? ne s'offrent-ils pas à nous de toute part, ſoit que nous ouvrions les yeux ou les oreilles, que nous faſſions uſage d'alimens ſains, que nous ſachions nous occuper, ou nous amuſer à propos, que nous jouïſſions de la ſolitude, ou de la ſocieté? Tous ces biens inſéparables de la vie, ſeront-ils l'objet de nos dédains, plûtôt que de notre reconnoiſſance? Je

Je dis plus; le plaiſir naît du ſein même de la Vertu. Quoi de plus heureux, que de ſe plaire dans une ſuite d'occupations convenables à ſes talens, & à ſon état? Ce qui nous délaſſe de ces occupations eſt toujours d'autant plus agréable, qu'un uſage modéré en prévient le dégoût. Les ſpectacles que nous offrent l'Hiſtoire & la Tragédie, ne ſont jamais plus charmans, que quand la beauté de l'ame y brille dans tout ſon jour. L'amitié qu'enfante la vertu, donne naiſſance aux plaiſirs les plus délicats; & de tous les commerces que forme la tendreſſe, en feroit-il aucun plus délicieux, que celui qui faiſant trouver ce qu'on doit aimer dans ce qu'on aime, concilieroit tous les goûts, aſſortiroit toutes les vuës, & confondroit tous les intérets ?

Il ſe préſente ici d'abord une queſtion importante, qui, bien avant la naiſſance d'*Epicure* & de *Platon*, a partagé le genre-humain en deux Sectes différentes. Les plaiſirs des ſens l'emportent-ils ſur ceux de l'ame? Pour en juger, imaginons-les entierement ſéparez les uns des autres, & portez à leur plus haut point de perfection. Qu'un Etre inſenſible à ceux de l'eſprit, goûte ceux du corps dans tou-

toute ſa durée ; mais que privé de toute connoiſſance il ne ſe ſouvienne point de ceux qu'il a ſentis, qu'il ne prévoye point ceux qu'il ſentira, & que renfermé, pour ainſi dire, dans ſon écaille, tout ſon bonheur conſiſte dans le ſentiment ſourd & aveugle qui l'affecte pour le moment préſent. Imaginons au contraire, un homme mort à tous les plaiſirs des ſens, mais en faveur de qui ſe raſſemblent tous ceux de l'eſprit & du cœur; s'il eſt ſeul, que l'Hiſtoire, la Geométrie, les Belles-Lettres, lui fourniſſent de belles idées, & lui marquent chaque moment de ſa retraite par de nou-

nouveaux témoignages de la force & de l'étenduë de son esprit: S'il se livre à la societé, que l'amitié, que la gloire, compagne naturelle de la vertu, lui fournissent hors de lui des preuves sans cesse renaissantes de la grandeur & de la beauté de son ame; & que dans le fond de son cœur, sa conformité à la Raison soit toujours accompagnée d'une joie secrette, que rien ne puisse altérer.

Il me semble qu'il est peu d'hommes nés sensibles aux plaisirs de l'esprit & du corps, qui placez entre ces deux états de bonheur, préférassent, pour me servir de l'expression de *Socrate*, au au ſort d'un Dieu, la félicité d'une huitre.

Les voluptez du corps ne ſont jamais plus vives que quand elles ſont des remêdes à la douleur. C'eſt l'ardeur de la ſoif qui décide du plaiſir qu'on reſſent à l'éteindre. *Socrate*, qui dans ſes tableaux s'attachoit plus à la fidélité du portrait qu'à la nobleſſe de l'image, comparoit ces ſentations à celle de la gratelle : le mes-aiſe les précéde, les accompagne, & en s'évanouïſſant les emporte avec lui. La plûpart des plaiſirs du cœur & de l'eſprit, ne ſont point altérez par ce mélange impur de la douleur.

Il y a plus ; tout ce que la Volupté a de délicieux, elle le reçoit de l'esprit & du cœur ; sans leur secours, elle devient bien-tôt fade & insipide.

Enfin, les plaisirs du corps n'ont guére de durée, que ce qu'ils en empruntent d'un besoin passager ; dès qu'ils vont au-delà, ils deviennent des principes de douleur. Les plaisirs de l'esprit & du cœur, leur sont donc bien supérieurs, n'eussent-ils sur eux que l'avantage d'être bien plus de nature à remplir le vuide de la vie.

Mais parmi les sentimens de l'esprit & du cœur, auxquels donnerons-nous la préférence ?

Il

Il me ſemble que le ſuffrage de tous les hommes l'adjuge à ceux qui flattent notre amour propre.

Pourquoi eſt-on plus offenſé du mépris que de la haine? C'eſt qu'il eſt plus douloureux de douter de ſa perfection, que d'être menacé de la perte de tout autre bien.

Un Comique Grec trouvoit qu'on ne prenoit pas d'aſſez juſtes meſures, quand on vouloit s'aſſurer d'un priſonnier: Que n'en confie-t-on la garde au plaiſir? que ne l'enchaîne-t-on par les délices? *Plaute* & l'*Arioſte* ont adopté cette plaiſanterie. Mais tous ces Poëtes auroient peu

peu connu le cœur humain, s'ils euſſent crû férieuſement que jamais leur captif n'auroit briſé ſes chaînes. Il n'eut pas été néceſſaire pour l'y déterminer, de faire briller à ſes yeux tout l'éclat de la gloire. Qu'il ſe fut trouvé mépriſable dans ſa priſon, ou qu'il y eut craint le mépris des autres hommes, il eut bien-tôt été tenté de préférer un péril illuſtre à une volupté honteuſe. Et c'eſt de quoi l'Europe entiere nous fournit preſque tous les ans des preuves éclatantes. Combien d'hommes, qui vivoient tranquillement dans le ſein du plaiſir, en ſortent pour vivre dans les périls

périls & les fatigues de la guerre? La gloire a plus d'attraits pour quelques-uns d'eux que la volupté; tous craignent moins la douleur & la mort que le mépris.

C'eſt l'idée de la perfection, qui depuis plus de deux mille ans, rend les Indiennes inſenſibles à l'horreur de ſe brûler vives. Elle a précipité dans le ſein de la mort, des hommes charmez de vivre à ce prix dans le cœur & dans la mémoire des autres hommes. C'eſt une ſorte d'idole, à qui, pour effacer une inſulte reçûë, l'on ſacrifie tous les jours ſa patrie, ſon repos, les plus grands établiſſeblissemens & la vie même. Enfin l'Amour, qui semble ne vivre que par les sens, doit ses plaisirs les plus doux à des idées flatteuses.

Tout ce qui nous flatte n'est pas d'un égal prix. Aspirer à être estimé des autres hommes, sans l'être de soi-même; c'est consentir à être malade pour paroitre sain. La Nature ne se repose pas sur notre Raison du soin de nous annoncer cette importante verité; & quoi-qu'elle répande de l'agrément sur les marques d'estime qu'on nous donne, elle attache cependant une sorte de flêtrissure à paroitre les rechercher. Ne croiroit-

on

on pas qu'elle eſt ici en contradiction avec elle-même ? Pourquoi proſcrit-elle par le ridicule une recherche qu'elle ſemble autoriſer par le plaiſir ? Au lieu de cenſurer ſa conduite, admirons ſa ſageſſe. Elle nous apprend par la voix ſecrette du ſentiment, que la conſidération publique eſt une ſorte de récompenſe de la vertu ; mais qu'elle n'en doit pas être le motif. C'eſt en effet ſe dégrader ſoi-même, que d'être trop avide de l'eſtime d'autrui. Recherchons par préférence l'approbation d'une conſcience éclairée, que la haine & la calomnie ne peuvent nous enlever, qui ſuit

tôt

tôt ou tard l'eſtime des autres hommes, & qu'accompagne toujours l'approbation de Dieu même.

Ne nous laiſſons donc pas éblouïr par ce qui ne nous flatte qu'à la faveur d'un jugement faux. Voyez-vous cet homme plongé dans la mélancholie ? il meſuroit ſa grandeur par une multitude de valets qu'il traînoit à ſa ſuite, & dont il groſſiſſoit ſon être. Un revers de fortune lui retranche la moitié de ce cortége nombreux : inſenſible à tous les biens qui lui reſtent, il eſt malheureux par la perte de ce qui lui étoit réellement inutile. Cet autre homme, me, dans le ſein de l'opulence & de la grandeur, eſt ſaiſi de rage & de déſeſpoir; il jugeoit de ſon excellence par la tendreſſe d'une femme, par la faveur d'un Prince; ce qui le flattoit lui eſt enlevé, & laiſſe dans ſon cœur un vuide, dont l'horreur ſe répand ſur tous les biens qui l'environnent.

Il eſt vrai que des fantômes de perfection, font quelquefois ſortir d'une imagination ſéduite & enchantée, un éclair de plaiſir bien plus vif, que n'eſt la lumiere douce & durable qui accompagne la Raiſon; mais ce ſentiment paſſager eſt de la nature de ceux qui rendent le

boire

boire plus agréable dans la fievre que dans la santé; il suppose une maladie de l'ame, d'où naissent l'inquiétude dans la recherche, le dégout dans la jouissance, le désespoir dans la privation.

Ce n'est pas seulement dans des preuves réelles de perfection, qu'on peut trouver une sorte de félicité; c'est encore dans la nature même de ses occupations.

Mais parmi les différentes occupations qui s'offrent à nous, nous livrerons-nous sans mésure à celles qui sont le plus agréables? Les mêmes sensations trop continuées émousseront bien-tôt ce ce ſentiment; le dégout & l'ennui ſortiront du ſein même de la volupté, & anéantiront ce qui nous charmoit. Comment nous défendre contre des ennemis ſi redoutables? on ne le peut qu'en ſe ménageant un cercle d'occupations aſſez variées, pour que des privations paſſagéres rendent aux différens objets de nos gouts une fleur de nouveauté. Les plaiſirs de l'eſprit & ceux du corps, le repos & le mouvement, la ſolitude & la ſocieté, les délaſſemens & les occupations ſérieuſes, tous ces différens biens ſe prêtent de nouveaux charmes en ſe ſuccédant; & leur varieté dans la vie, fait le même effet que la différence des accords dans l'harmonie.

Nous portons dans nos différentes facultez une infinité de germes précieux, que le défaut de culture laiſſe périr. C'eſt à l'étude des ſciences & des arts à les faire éclorre. Plus elle en développe, & plus elle nous fournit, non-ſeulement de préſervatifs contre les paſſions, mais encore de reſſources pour l'agrément de la vie.

Un grand Poëte a feint que *Jupiter* avoit ouvert au pied de ſon trône deux fontaines, l'une du plaiſir, l'autre de la douleur; qu'il mêloit à ſon gré ces liqueurs contraires, & décidoit du du bonheur ou de l'infortune de chaque homme par le mélange fatal qu'il verſoit ſur lui. Ne pourroit-on pas appliquer cette même image aux différentes eſpéces de ſentimens agréables? L'idée de notre perfection, & l'exercice ſucceſſif de nos différentes facultez, ſont comme deux ſources toujours ouvertes de plaiſirs différens. Une Intelligence bien-faiſante mêle par portions égales ces deux précieuſes liqueurs en faveur de l'homme ſage, & les verſe inceſſamment ſur lui.

Ne plaçons donc pas le ſouverain bien dans l'opulence, ni dans la grandeur. Il n'eſt point d'état où l'on ne puiſſe faire de ſa vie un tiſſu de ſentimens agréables, dès qu'on peut s'y procurer une ſuite d'occupations vertueuſes, qui exercent nos puiſſances ſans les fatiguer. Ceux-là ſeuls ſont heureux en poſſédant les faveurs de la fortune, qui pourroient être heureux ſans les poſſéder. En effet, il n'y a de bonheur ſolide, que pour celui qui renfermant ſes deſirs dans la ſphére des beſoins réels, & des biens qui ſont à ſa portée, ſe fait de cette enceinte, comme un retranchement contre l'inquiétude & le chagrin. Dès que le cœur paſſe cette ligne marquée par la Na-

Nature, il se perd dans un champ immense, où il cherche en vain des bornes qui arrêtent & qui fixent la violence de ses mouvemens.

La santé, l'appetit, la force du corps, semblent être réservées à la pauvreté. Les plaisirs de l'esprit, de l'amitié, de la tendresse, la tranquilité de l'ame, la joye, la satisfaction intérieure, se trouvent aussi souvent à la suite d'une médiocre fortune, que dans le cortége des Rois. Quels sont donc les avantages privilégiez de l'opulence & de la grandeur? c'est de flatter l'amour propre, par l'étenduë des bâtimens, par la ri-

richesse des meubles & des équipages, par le pouvoir de commander à d'autres hommes. On peut sans doute être heureux en usant de ces biens; mais on est à plaindre, si l'on a besoin de ces témoignages trompeurs de perfection. Il en est, ce me semble, comme des parfums & des concerts : il est agréable d'en jouïr; il est bien malheureux de ne pouvoir en soutenir la privation.

Non-seulement la sagesse écarte loin de nous le chagrin; elle garantit même de la douleur, qui dans les tempéramens bien conformez, ne doit guére sa naissance qu'aux excès; & lors

lors qu'elle ne peut la prévenir, elle en émousse du moins l'impression, toujours d'autant plus forte qu'on y oppose moins de courage. Un Capitaine Grec, fameux par la plus belle de toutes les retraites, (*Xenophon*) nous assure que la même fatigue n'est pas aussi pesante pour le Général que pour le soldat; la vanité du Général porte la moitié d'un fardeau que le soldat porte tout seul. Les Indiennes, les Sauvages, les Fanatiques, marquent de la gayeté dans le sein des douleurs les plus vives; ils maitrisent leur attention au point de la détourner du sentiment désagréable qui les

les frappe, & de la fixer ſur le fantôme de perfection auquel ils ſe dévoüent. Seroit-il impoſſible que la Raiſon & la Vertu appriſſent de l'ambition & du préjugé à affoiblir auſſi le ſentiment de la douleur par d'heureuſes diverſions?

CHAPITRE XIV.

Du plaiſir attaché à l'accompliſſement de nos devoirs envers les autres hommes.

SI nous voulons remplir tous nos devoirs envers les autres hommes, ſoyons juſtes & bien-faiſans. La Morale nous l'orl'ordonne : la Theorie des ſentimens nous y invite.

L'injuſtice, ce principe fatal des maux du genre-humain, n'afflige pas ſeulement ceux qui en ſont les victimes ; c'eſt une ſorte de ſerpent qui commence par déchirer celui qui le porte dans ſon ſein. Elle prend naiſſance dans l'avidité des richeſſes ou dans celle des honneurs, & en fait ſortir avec elle un germe d'inquiétude & de chagrin. L'homme injuſte ſe flattat-il d'échapper à la vengeance des hommes, ou à la juſtice de Dieu ; il devroit toujours ſe trouver à plaindre de placer ſa perfection ou ſon bonheur

 dans

dans une possession chancelante d'objets dépendans du caprice d'autrui & de l'empire de la fortune.

Non-seulement l'orgueil & l'intéret asservissent notre bonheur à des Puissances étrangéres, mais encore en faisant une sorte de guerre secrette à tout ce qui nous environne; ils jettent dans nos cœurs des semences d'une haine générale, & y affoiblissent ou étouffent celles de la bien-veillance & de l'amitié. Au contraire, est-on affranchi de ces passions injustes? on voit les autres hommes des mêmes yeux dont on envisage les Héros d'une Tragédie; le cœur fait

pour

pour aimer, ſe porte alors tout entier par ſon propre poids à la bien-veillance & à l'amitié. Or s'il eſt vrai que tout mouvement de bien-veillance ſoit un plaiſir, que la triſteſſe même ſoit accompagnée d'une douceur ſecrette dès que la bien-veillance y domine; que tout mouvement de haine & de trouble ſoit une douleur; notre bonheur ſera toujours d'autant plus complet & plus ſolide, que notre façon de vivre ſera plus de nature à porter dans le cœur des mouvemens de bien-veillance, & à en écarter tout mouvement de trouble & de haine.

L'habitude de la juſtice & de

la bien-veillance qui nous rend heureux, principalement par les mouvemens de notre cœur, nous le rend auſſi par les ſentimens qu'elle inſpire à ceux qui nous approchent.

L'Auteur de la Nature, attentif à nous pourvoir de tous les gouts utiles à notre conſervation, nous a imprimé par raport aux autres hommes, deux deſirs différens; celui d'en être craint, & celui d'en être aimé.

Dans l'état de liberté, qui, ſuivant les Juriſconſultes, a précédé l'établiſſement des Loix, il étoit plus important, & par conſequent plus agréable, d'être craint que d'être aimé; parce

que

que contre des hommes que l'ambition ou l'intéret armeroit contre nous, la crainte eſt une barriere plus puiſſante que la reconnoiſſance. Auſſi pour les Souverains, qui ſont les uns par rapport aux autres dans cet état de liberté, eſt-il plus flatteur d'être redouté des Puiſſances voiſines que d'en être aimé. Il n'en eſt pas ainſi des particuliers; les Loix veillent à la conſervation de leurs biens, de leur honneur, de leur perſonne. A quoi leur eſt-il utile d'être craint? Mais il leur eſt important, & par conſéquent agréable, d'être aimés. L'amour obtient de ceux qui nous environnent, ſouvent des

des ſervices eſſentiels, & toujours une ſuite continuë d'égards plus flatteurs que les ſervices. Si l'on a dit de la loüange, qu'elle étoit pour celui à qui elle s'adreſſoit la plus agréable de toutes les Muſiques, on peut dire de même, qu'il n'eſt point de ſpectacle plus doux que celui de ſe voir aimé.

Or ce ſpectacle flatteur, c'eſt à la juſtice & à la bien-veillance à nous le préparer. L'orgueil & l'injuſtice ne peuvent ſe montrer ſans devenir ou l'objet du mépris, s'ils ſont accompagnés de foibleſſe, ou l'objet de la haine, s'ils ſont joints à la puiſſance. Ils établiſbliſſent notre félicité ſur les ruïnes de celle d'autrui. Mais la Vertu, en conciliant notre bonheur avec celui des autres hommes, fait de notre bien perſonnel, leur bien commun. Jugeons-en par l'intérêt qu'on prend aux hommes vertueux, que la Tragédie fait revivre ſur nos théatres.

Il eſt vrai que le maſque de la vertu produiroit cet effet, auſſi bien que la vertu même. Mais on peut dire d'elle ce qu'on a dit de l'amour; il eſt preſque impoſſible de réüſſir long-tems à la montrer où elle n'eſt pas: le vrai moyen de paroitre juſte & bien-faiſant, c'eſt de l'être.

Ima-

Imaginons préſentement un homme qui haï de tous ceux qui le connoiſſent, les haïſſe à ſon tour. Tous les objets qui s'offriront à ſes yeux, feront affligeans ; tous les mouvemens qui s'éléveront dans ſon cœur, feront douloureux. Tel eſt apparemment l'état de ces hommes infortunez dont le cœur eſt livré dans les Enfers à l'habitude de la haine & de l'injuſtice, qui a fait ici bas leur crime, & commencé leur ſupplice.

Imaginons au contraire un homme juſte & bien-faiſant, qui aimé & eſtimé de tous ceux qui l'approchent, ne vive que pour

pour des mouvemens de bienveillance; tous les objets qui s'offriront à ſes yeux, lui ſeront agréables. Tous les mouvemens qui s'éléveront dans ſon cœur, ſeront des plaiſirs. Tel eſt l'état de ces hommes heureux, dont le cœur eſt livré dans le Ciel à l'habitude de bien-veillance, qui a fait ici-bas leur vertu, & commencé leur récompenſe.

Rien de plus rare ſur la Terre, qu'un homme parfaitement injuſte ou parfaitement bien-faiſant. Entre ces deux extrêmes eſt une Mer immenſe où flottent la plûpart des hommes. Ils approchent d'autant plus le comble

ble du malheur que le cœur eſt plus livré à la haine ; mais plus il l'eſt à la bien-veillance, plus ils touchent à la parfaite félicité.

Mais comment nous défendre de haïr quiconque nous attaquera dans nos biens & dans notre réputation ? L'entrepriſe eſt ſans doute difficile. Mais quoi de plus néceſſaire que d'être heureux ? & peut-on l'être, ſi l'on ouvre ſon cœur à la haine ? Soyons auſſi ingénieux à la proſcrire, qu'on l'eſt pour l'ordinaire à la juſtifier.

Si ceux de qui nous nous plaignons n'ont eu à notre égard qu'une conduite appuyée ſur de bon-

bonnes raiſons, pourquoi les haïr, puiſqu'ils ſont tels que nous euſſions crû devoir être en pareilles circonſtances? Si c'eſt injuſtement qu'ils nous attaquent, ils ſont à plaindre de porter en eux un principe certain de regrets & de douleur. Ce ſont des malades, qui dans leur fiévre chaude croyent ſe guérir en bleſſant ce qu'ils rencontrent. Défendons-nous contre leur fureur; mais ne nous en puniſſons point nous-mêmes, par des mouvemens qui portent le trouble dans notre ame.

Outre les ſentimens d'humanité qu'on doit à tous les hommes, il y a des devoirs particuliers

culiers qui résultent des circonstances où la Nature & la Fortune nous ont placez. Ils se réduisent à nous conduire envers nos supérieurs, nos égaux, nos inférieurs, nos proches, de façon à faire desirer à tous ceux qui sont dans de pareilles circonstances, qu'on ait à leur égard une pareille conduite. L'accomplissement de ces devoirs est donc de nature à nous assurer l'estime, l'affection & la confiance de tous ceux qui nous environnent, & à reproduire en nous, par un contre-coup heureux, des sentimens de bienveillance.

De tous les devoirs que nous im-

imposent nos différentes liaisons, il n'en est point qui paroissent plus au-dessus de la nature humaine, que ceux de la parfaite amitié. Elle nous ordonne de renoncer en faveur de notre ami à nos intérêts les plus chers, & nous le fait envisager comme la portion de nous-mêmes la plus précieuse. Il n'est point de source plus féconde de sentimens agréables, que l'accomplissement de ces devoirs qui paroissent si austéres; & sentir qu'on en est capable, est déja un plaisir bien délicat.

Il y a eu des Ecrivains célébres, qui ont soutenu que dans le commerce de l'amitié, il y

avoit

avoit plus à perdre qu'à gagner ; & que c'étoit une extension de nous-mêmes, qui nous exposoit à la misére, non-seulement en notre propre personne, mais aussi en celle d'autrui. Il me semble que penser ainsi, c'est ignorer la puissance de l'amour. Telle en est la vertu magique; par l'intérêt que prennent de parfaits amis à ce qui les touche, leurs biens se multiplient, leurs maux semblent s'anéantir, & jusques dans leur tristesse mutuelle, régne une sorte de douceur qu'ils n'échangeroient pas contre les plaisirs les plus vifs.

CHA-

CHAPITRE XV.

Du bonheur attaché à la vertu.

APrès avoir indiqué les différentes espéces de plaisirs qui accompagnent la vertu, je vais les rassembler ici sous un même point de vûë.

Nous avons dans *Sextus Empiricus*, l'extrait d'un ouvrage de *Crantor* sur la prééminence des différens biens. Ce Philosophe célébre feignoit qu'à l'exemple des Déesses, qui avoient soumis leur beauté au jugement de *Pâris*, la Richesse, la Volupté, la Santé & la Vertu, s'étoient pré-

préſentées à tous les Grecs raſſemblez aux jeux Olympiques, afin qu'ils leurs marquaſſent leur rang, ſuivant le degré de leur influence ſur le bonheur des hommes. La Richeſſe étala ſa magnificence, & commençoit à éblouïr les yeux de ſes Juges, quand la Volupté repréſenta que l'unique mérite des richeſſes étoit de conduire au plaiſir. Elle alloit obtenir le prémier rang. La Santé le lui conteſta: ſans elle la douleur prend bien-tôt la place de la joye. Enfin, la Vertu termina la diſpute, & fit convenir tous les Grecs, que dans le ſein de la richeſſe, du plaiſir & de la ſanté, l'on ſeroit

roit bien-tôt, ſans le ſecours de la prudence & de la valeur, le joüet de tous ſes ennemis. Le prémier rang lui fut donc adjugé, le ſecond à la Santé, le troiſiéme au Plaiſir, le quatriéme à la Richeſſe.

C'eſt bien dégrader, ce me ſemble, la Vertu, que de lui donner pour principale fonction celle d'être la garde de ſes rivales. L'on peut fonder ſa prééminence ſur des titres plus nobles.

La Richeſſe, le Plaiſir, la Santé, deviennent des maux pour qui ne ſait pas en uſer. La Sageſſe ſeule, à parler exactement, mérite le titre de Bien, puis-

K qu'elle

qu'elle ſeule eſt de nature à ne devenir jamais mal par un mauvais uſage. Elle éloigne de nous les ſentimens douloureux, & raſſemble en notre faveur tous les ſentimens agréables. Le regret du paſſé, le chagrin du préſent, l'inquiétude ſur l'avenir, ſont les fleaux qui affligent le plus le genre-humain. La vertu nous en garantit, en renfermant nos deſirs dans l'étenduë de ce qui eſt à notre portée, en les conformant à la Raiſon, & les ſoumettant pleinement à l'ordre immuable qu'a établi une ſouveraine Intelligence. L'ennui, non moins affligeant que le chagrin, porte ſon poi-

poiſon juſques ſur le trône. Il n'oſe approcher de la Sageſſe, qui rempliſſant d'une ſuite d'occupations vertueuſes le cours de la vie, y forme une chaine de ſentimens agréables. Elle écarte même de nous jusqu'aux douleurs, qui le plus ſouvent ne ſont que les fruits de l'intempérance. Elle nous offre dans toute leur vivacité les plaiſirs des ſens, dont l'agrément ſe proportionne au beſoin réel qu'on en a. Les plaiſirs de l'eſprit marchent à ſa ſuite, & l'accompagnent juſques dans la ſolitude & dans l'adverſité. Elle nous affranchit, autant qu'il eſt poſſible, du caprice d'autrui & de l'empire de la Fortune, en plaçant notre perfection, non dans une possession d'objets toujours prêts à nous échaper, mais dans un usage de nos facultez assorti à notre état présent.

De quelque côté que l'homme vertueux jette les yeux, sur Dieu, sur les hommes, sur ses proches, sur ses amis, il n'apperçoit que des motifs d'une joye secrette. Il se conforme aux intentions de son Auteur ; il mérite l'attachement de ses amis & de tout ce qui l'environne ; il seroit l'objet de l'estime & de l'affection de toutes les Intelligences, si toutes les Intelligences pouvoient le pénétrer.

nétrer. Son cœur exempt de haine & de crainte, ne vit que pour des mouvemens de bienveillance, c'eſt-à-dire, pour des ſentimens de plaiſir: Enfin la ſatisfaction attachée à la perfection intérieure, forme dans le ſecret de ſon ame, ſuivant l'expreſſion de *Salomon*, une fête continuelle. Et c'eſt ainſi que toutes les eſpéces de ſentimens agréables ſe réüniſſent en ſa faveur, & que ſe combinant enſemble par des proportions reglées ſur leur vivacité, leur durée, leur convenance, ils font la plus délicieuſe de toutes les harmonies. Peut-être ce tableau du Sage n'eſt-il qu'une idée: on ſera du moins d'autant plus heureux, qu'on y reſſemblera davantage.

Mais le plus grand bien dont jouïſſe ici-bas l'homme parfaitement vertueux, c'eſt que le moment fatal qui déſeſpére les autres hommes, n'eſt pour lui qu'un paſſage à une vie plus heureuſe.

L'homme injuſte ne voit la mort que comme un fantôme affreux, qui à chaque inſtant fait un nouveau pas vers lui, empoiſonne ſes plaiſirs, aigrit ſes maux, & ſe prépare à le livrer à un Dieu vengeur de l'innocence. Ce qu'il enviſage en elle de plus heureux, ſeroit qu'elle le le plongeât pour toujours dans l'abîme du néant. Mais cette honteuſe eſpérance eſt bien combattuë dans le fond de ſon ame, par l'autorité de la Révélation, par le ſentiment intérieur de ſon indiviſibilité perſonnelle, par l'idée d'un Dieu juſte & tout-puiſſant.

Il n'en eſt pas ainſi de l'homme parfaitement vertueux. La mort lui ouvre le ſein d'une Intelligence bien-faiſante, dont il a toujours reſpecté les loix & reſſenti les bontez.

S'il eſt vrai que l'eſpérance ſoit un ſentiment eſſentiellement agréable, & que ſon agrément ſoit proportionné à la grandeur du bien qui en eſt l'objet ; il ne peut y avoir ſur la terre de ſituation plus délicieuſe, que celle d'un homme, qui trouvant dans la vertu un bonheur réel & préſent, voit encore dans l'idée de la mort la perſpective d'une félicité parfaite.

CHAPITRE XVI.

Où l'on recherche quels ſont les genres de vie les plus heureux.

LA plûpart des hommes attendent leur bonheur les uns des autres ; & dans le ſein même de la Grandeur, ils n'aſpirent ſouvent à être heureux qu'à qu'à titre de mendians. Il eſt preſque impoſſible que les puiſſances qui décident de leur ſort, s'accordent toujours avec ce qu'ils deſirent. Le cœur de chaque homme, pour me ſervir d'une expreſſion Cartéſienne, eſt une ſorte de tourbillon, qui a pour centre de ſes mouvemens ſon bonheur perſonnel. Deſirer que notre félicité devienne le centre commun des tourbillons voiſins, c'eſt vouloir changer leur nature, c'eſt conſentir à n'être heureux que par miracle. Ajuſtons-nous donc, du mieux qu'il nous eſt poſſible, avec ce qui nous environne ; mais n'eſpérons point nous former un état solidement heureux, si ce n'est par nos propres mouvemens.

J'appelle états heureux, ceux où les sentimens agréables l'emportent de beaucoup sur les sentimens affligeans ; & ils se partagent en trois classes différentes, suivant que les mouvemens du corps, de l'esprit ou du cœur y dominent.

Si nous voulons rassembler un nombre d'hommes heureux, nous les chercherons peut-être fort inutilement dans les places les plus brillantes ; mais nous en trouverons beaucoup parmi ceux à qui un travail moderé, fournit aisément de quoi suvenir à leurs besoins

besoins & à ceux de leur famille. Nous nous appercevrons bientôt, que la plûpart d'entr'eux, exempts d'inquiétude, de chagrin & d'ennui, portent dans le fond du cœur une joye secrette toujours prête à se développer. Si leurs jours ne sont pas filez d'or, ils le sont du moins de soye ; c'est un tissu de sentimens doux, où il n'entre ni plaisir vif, ni chagrin amer.

Les mouvemens du corps sont moins agréables que ceux de l'esprit. Un genre de vie sera donc plus heureux, s'il est dévoüé aux Sciences, que s'il l'étoit à des travaux méchaniques. Quoi de plus flatteur, que d'end'entrer en possession de tous les lieux, de tous les tems, de toute la Nature? Cependant le sanctuaire d'un bonheur si délicat, ne s'ouvre que pour quelques mortels privilégiez. La barbarie en ferme l'entrée à la plûpart des hommes. C'est elle qui pour le malheur du genre-humain, a annobli l'injustice chez les Conquérans, & a souvent flétri le savoir chez les particuliers.

Puis-que le cœur est de toutes nos facultez celle d'où partent les mouvemens les plus agréables; le genre de vie qui mérite la préférence sur tous les autres, est celui où les mouvevemens de bien-veillance dominent davantage.

Ceux que la fortune a enrichis de ses présens, n'en receuilleront tout le fruit que par leur penchant à en faire un usage favorable aux autres hommes; jugeons de leur félicité par les heureux qu'ils font.

Il n'est donc point de bonheur égal à celui d'un Souverain, qui ne renfermant point sa bien-veillance dans le cercle étroit des Courtisans qui l'environnent, la porte sur tous ceux qui sont dans sa dépendance, pour leur procurer les biens qui leur conviennent, pour bannir la misére de ses

Etats,

Etats, y animer les arts & le commerce & y encourager les talens & les vertus. La certitude qu'il a d'acroitre & d'affermir ſa puiſſance, l'idée qu'il ſe rend le miniſtre de la Divinité en procurant aux autres hommes les biens qu'elle leur a deſtinés, le ſpectacle de tout un peuple heureux par ſes bienfaits, l'exécution du plus noble de tous les projets indépendante des biens de la fortune, une ſuite continuë des mouvemens de bien-veillance les plus flatteurs, tout ce qui ſe préſente à ſes yeux, toutes ſes idées, tous les mouvemens de ſon cœur, conſpirent à former en ſa ſa faveur l'état le plus heureux dont la nature humaine ſoit capable.

Il eſt vrai que dans cette chaine de ſentimens vertueux, il ne s'en trouve peut-être pas d'auſſi vifs que ceux d'un Conquérant, dont la victoire couronne l'ambition. Mais le Conquérant n'acquiert cette ſorte de plaiſir, qu'au prix de pouvoir être le plus malheureux de tous les hommes, puis-qu'on en court d'autant plus le danger, qu'on porte dans la nature de ſes gouts plus de principes de haine, de trouble, d'inquiétude & de chagrin.

CHAPITRE XVII.

Où l'on prouve que la Philosophie morale est à la portée de tous les hommes.

DE toutes ces observations, il résulte ce qui paroitra un paradoxe à bien des gens; c'est que la Philosophie morale est à portée de tous ceux qui sont capables de la réflexion la plus legére. Cependant les Philosophes, & la plûpart des Législateurs, condamnent le peuple à une ignorance grossiere. Ils n'ont presque connu d'autre frein pour le contenir que la terreur des supplices. *Platon* lui-même, dans

cette

cette République où il s'eſt permis les idées les plus hardies, n'a pas oſé former un peuple ſolidement vertueux; il ne confie qu'au Magiſtrat le dépôt de la Philoſophie morale. Mais quelles ſont donc les profondeurs de cette ſcience réſervée à des ames privilegiées? Il me ſemble qu'on peut toute la comprendre dans ces deux maximes-ci, qui ſont comme le réſultat de la ſcience des ſentimens:

1°. Plaçons, autant qu'il eſt poſſible, notre bonheur & notre perfection, non dans des biens qui ſoient hors de nous, mais dans une ſuite d'occupations aſſorties à nos talens & à notre état.

2°. Prenons avec les autres hommes une façon de vivre, qui ſoit de nature à porter dans le cœur des mouvemens de bien-veillance, & à en écarter tout mouvement de haine, d'inquiétude, de trouble & de chagrin.

Or pour comprendre ces véritez, pour en pénétrer les détails; il n'eſt pas beſoin de s'élever juſques aux cieux, ni de percer dans les abîmes; elles ſont auſſi faciles à ſaiſir que les principes des arts les plus communs; il en ſort de toute part des démonſtrations, ſoit qu'on réflé-

réfléchiſſe un moment ſur ſoi-même, ou qu'on ouvre les yeux ſur ce qui s'offre à nous tous les jours.

L'artiſan dont parle *Horace*, auroit ſuffi pour apprendre à tout un peuple qu'on ne peut être heureux que par des occupations aſſorties à ſes talens. Il étourdiſſoit tout ſon voiſinage par des chanſons qui commençoient avec le jour & ne finiſſoient qu'à la nuit. Le Beau-pére d'*Auguſte* pour s'affranchir de l'importunité de ſa Muſique, l'enrichit par le préſent d'une terre, où l'ennui & l'inquiétude prirent bien-tôt la place de ſa gayeté: Reprenez vos dons,

vint-

vint-il dire à ſon Bien-faiteur, & rendez-moi à mes travaux.

Quant à l'obligation de ne point placer ſa perfection dans des biens qui ſoient hors de nous, nous apprenons de *Lucien*, que le peuple d'Athènes en étoit ſi pénétré, que les étrangers qui paroiſſoient vouloir ſurprendre ſon eſtime par la magnificence de leur cortége, n'en obtenoient que le mépris.

Enfin, il ne faut qu'être capable d'aimer & de haïr, pour pouvoir s'aſſurer que notre genre de vie ſera d'autant plus heureux, qu'il portera dans le cœur plus de mouvemens de bienveillance, & en écartera davantage

tage tout mouvement de haine. Auſſi eſt-il certain par les Hiſtoriens & par les Voyageurs, que chez les peuples où la façon de vivre a fermé l'entrée à l'avidité des richeſſes, c'eſt une qualité populaire d'être généreux & bien-faiſant envers ceux qu'on n'enviſage point comme ſes ennemis.

Les maxîmes que je viens d'expoſer, ſi importantes par leur objet & ſi frappantes par leur évidence, ſont cependant voilées par la plûpart des hommes; & la Philoſophie morale ſi digne des hommages de tout le genre-humain, ſemble comme le *Jupiter d'Egypte*, avoir établi ſon

Tem-

Temple dans un désert. Les vices du tempérament, l'excès de la misére & de la richesse en sont des causes particulieres ; les défauts de l'éducation en sont la cause génerale.

Les Législateurs de Lacédémone & de la Chine, ont presque été les seuls qui n'ayent pas crû devoir se reposer sur l'ignorance des péres ou des maîtres, d'un soin qui leur a paru l'objet le plus important du pouvoir législatif. Ils ont fixé dans leurs Loix le plan d'une éducation détaillée, qui pût instruire à fond les particuliers sur ce qui faisoit ici-bas leur bonheur, & ils ont executé ce

que

que dans la theorie même, on croit encore impossible, la formation d'un peuple philosophe. L'histoire ne nous permet point de douter que ces deux Etats n'ayent été très féconds en hommes vertueux; ils l'eussent été apparemment encore davantage, si l'éducation & la morale y eussent été plus parfaites.

FIN.

www.ingramcontent.com/pod-product-compliance
Ingram Content Group UK Ltd.
Pitfield, Milton Keynes, MK11 3LW, UK
UKHW020554230726
13926UKWH00005B/2004

9 782014 447170